Caligrafías binarias para invocar una flama

Una breve cuasi-crónica en la Ciudad de México

Fernando V.

Caligrafías binarias para invocar una flama
Una breve cuasi-crónica en la Ciudad de México

Fernando Velázquez

Título original: Caligrafías binarias para invocar una flama
Fernando Velázquez

Diseño de cubierta:
Héctor Antonio Tafoya García

Imagen de cubierta:
Héctor Antonio Tafoya García

Edición:
Luciano Allasia
Luis Miguel Blount

Primera edición: Agosto de 2016.

Para mi otra familia: los maleantes y ruines; los ángeles caídos, a esa banda (mi banda) de corazones misántropos y rotos (de cuyos latidos nacemos los supervillanos) donde quiera que se encuentren rumiando con todo y sus excesos…

"Ningún camino lleva a ninguna parte, pero uno tiene corazón y el otro no. Uno hace gozoso el viaje; mientras lo sigas, eres uno con él. El otro te hará maldecir la vida. Uno te hace fuerte, el otro te debilita."

Don Juan Matus
<<*Las enseñanzas de Don Juan: una forma Yaqui de conocimiento*>>

Exordio

Muchas veces la única alternativa plausible a la podredumbre mental de nosotros "la legión" es tratar de quedarnos inmóviles envueltos por la sublime y cómoda pasividad, evitando los momentos de lucidez por sobre todas las cosas. Aunque siendo franco yo lo explicaría mejor, como quedarnos embarrados ~~de caca~~ en la maravillosa "huevedad activa" y adicionalmente dejarnos llevar por los impulsos cerebrales más pueriles.

Debemos asegurarnos muy bien de que la hueva activa en cuestión, no se vaya a ninguna parte y sobretodo se propague. Ya que si de repente se nos va, o se nos acaba, puede la lucidez volver a aparecerse cual espectro clavándose en nuestra mente, como la hoja fría de una cuchilla, y cuando lo hace, no es gratis. Se paga muy caro.

Confieso tajantemente, que este gargajo de palabras fue realmente escrito dentro de cierto estado de lucidez, y de locura, aparecidas de improviso, y por eso tiene la vida que tiene, honestamente, aunque parezca una ficción o algo semi-muerto. También fue un intento de traerlos de vuelta... de traerla de vuelta, de volver a verlos, de mantenerla conmigo... el deseo de hacerla vivir dentro de estas páginas, si me permiten esbozarlo con toda mi honestidad.

Unas letras dictadas desde la locura, escritas desde ese borde patológico, en el que la retórica pierde su aliento terapéutico para convertirse en una prisión de diarios y suspiros. Impulsivo, lacerado, evocador, nostálgico, iracundo, el autor de este texto se salpica por el pasado y resucita al "Pentágono" y a "Wendy", para que el lector pueda saber un poco de ellos (no conocerlos realmente), y quién sabe, tal vez en sus últimas páginas, se pueda embelesar con "ella", así nada más.

Aunque yo no quise utilizar mi escritura como terapia, (la terapia se hace con quien se tiene que hacer), y el texto, ustedes me dirán al final (si lo aguantan): va por otro lado muy diferente, esto es sobre *geeks y dorks,* es la crónica atemporal de un gremio clandestino (¿imaginario?), o parece que nada tiene que ver con las circunstancias; oculta secretamente y con una oscuridad terrible, las ganas de revivir el pasado y de volver a ellos/ella otra vez; lo cual no sólo no mejoró mi patología, sino que más bien la empeoró, me impidió marcar distancias, me hundió más y más en la manía de querer agarrarlos a todos con mis tentáculos nuevamente. Nostalgia puede ser lo que aquí acontezca, si desean que esgrima un vocablo más o menos oportuno.

Sin embargo en mi humilde juicio, también existe una intención clara de reflejar lo que el autor (yo) escribe por un afán de mortalidad; por querer mantener vivo el recuerdo, por luchar contra las neblinas del olvido, por contar algunos sucesos acontecidos en mi patria (y vividos a su lado), por realzar karmas y relatar algunas verdades, lo cual también es una manera (nada egoísta por cierto) de alcanzar la perpetuidad. Porque en esta parte tan delicada de la remembranza, a veces no se nota, que rozamos con las uñas el laberinto del dolor, y eso mis valedores, quiere decir que estamos solos.

Y es que, aunque hay quienes atribuyen al oficio de escribano-exegeta poderes reconstituyentes, como si las palabras pudiesen convertirse en una especie de adhesivo con el que podemos pegar los pedazos rotos de un corazón villano, la realidad es que el duelo, también el "literario", no es más que desgajar con la pluma, los recuerdos privados; esas escenas que la ya mencionada nostalgia, comienza a desdibujar en la propia memoria sin piedad alguna.

Pues no sólo supuran llanto y sangre: se han hecho inmortales.

Esta clase de recuerdos pueden asustar a los demás; darles miedo. Aquí espantan…

…Pero, les puedo decir con seguridad que todo lo que te maltrata y te pesa, con el tiempo te nutre. Y te reconforta.

*****

"Hubo un tiempo en que las palabras eran tan pocas que ni siquiera las teníamos para expresar algo tan simple como "ésta boca es mía, o "esa boca es tuya" y mucho menos para preguntar "por qué tenemos las bocas juntas".

José Saramago
<<El Hombre Duplicado>>

.........Loading.......

Antecedentes

"Érase que se era…" -como diría Cachirulo.

Por educación, por karma y por cierta fe malsana, es preciso dejar que opere ciegamente la voluntad del creador. Si, en efecto, aquel que nos envió, como muestra de su divina gracia y en uno de sus múltiples avatares encarnados, a su único hijo, el cordero de Dios (*agnus Dei*), el cual después de entregarnos la sagrada palabra contenida, presuntamente, en los cuatro evangelios canónicos, se entregó a Pilatos, solo para experimentar el violento cruel sacrificio, y como consecuencia directa de esa incomparable sensibilidad con el mundo, gozamos (al menos en México), de dos semanas de vacaciones entre la primavera y el verano. "SpringBreak de microbikinis en Acapulquirri" mis hermanos suyos en Cristo. Si, ese mismo creador que expele los pecados del mundo, la desgracia y su maldad (dichos pecados que en su mayoría se componen de un subconjunto potencia de pecaditos que yo le aviento a diario).

"Hijo pasaste tu primer examen de la carrera con 100 perfecto ¿verdad? Recuerda que tu beca se paga con tus neuronas, así que no te recomiendo nadita que te las chamusques en otra cosa que no sea aprenderte bien tus chunches de nerdo (las cuales no voy a repetir porque se me incendia la boca)"

"Mami…yo estudié, te lo juro…estudié mucho, llegue, vi el examen, lo resolví y… en nombre sea de Dios mami, en nombre sea de Dios".

Debo añadir, que si alguna ventaja tuvo estudiar en la universidad en donde estudié, es que está hasta las chanclas de niñas *fresas*. Es decir, de mujeres que habiendo vivido dentro de una burbuja color pasteloso, son susceptibles de reconsiderar en cualquier momento, e irse derechito al Averno, (justo como el ya mencionado creador manda). El chiste mis estimados, no es bajarles las bragas, eso va a suceder solito gracias a la impoluta fuerza de atracción terrestre: $F = mg^2$. Lo que aprendí a hacerles en realidad fue a bajarles el halo de santidad (si tuvieron alguno). Pocos lugares hay tan accesibles como éste, uno pensaría que en una universidad "fresita", un disfuncional como yo, carece de oportunidades con las féminas, porque cuando se anda como *freaky* por el mundo, nada se quiere más a veces que volverse un fresita, y como tal, abandonar el "Hyde" o el "Gravity" en la placentera compañía, de una zorrita de vestidito pegadito, comprensiva y desprendida.

Como sea, si pensaron que ya comencé mi narración-crónica-biografía-ficción (lo que sea) con esa lenta descripción de la putería no es así. ¿Por dónde comienzo? En unas escaleras frías de Naucalpan en el Estado de México, a la mitad de la noche en el año 2005, justo después de que nos sacaran, madrazos incluidos cómo no, los guarros de un antrillo apestoso y fuéramos a parar a un congal aún más apestoso, el mítico "Caballos" de la "Azcapo", horas antes de que su necro-pedo-zoofílica majestad cumpliera 16 añitos. Punición, crecimiento, relato, pero ¿dónde comienzo? En el olvido de todo pasado, en las borracheras lucíferas de la casa de "Las Arboledas" y el pasillo de vómito y orina cortesía de los "inges" y los "lics" ebrios, salidos como vochos recién encerados, del Bar Bandidos, para encarar el monstruoso final de Ecuaciones Diferenciales (en cuyas fórmulas habrán de vomitar algunos más).

La verdad creo que esto no tiene mucho de narración y menos de ficción. Si ésta en realidad fuera una narración, sería de las que se encuentran en el *index* de libros prohibidos del Vaticano, o en los bocetos de un autor de cagada, y probablemente hable de súcubos de enormes miembros poniéndole muy *nasty* con vestales, o de seres ingenuos que un día decidieron tomar un teclado para escribir "printf("Hello World");" y pretendieron llegar con eso a alguna parte. Hagan de cuenta que se treparon en una pinche montaña rusa, en la que subieron y jamás bajaron. Porque además, hay algunos que nunca se bajan.

Brutos, perdedores, ¿visionarios?, animales que un día encontraron en el código de una computadora una mansión, ejem… quiero decir… un hogar, de esos que tienen una casa para el perrito y todas las otras cursilerías que te soplabas de niño en las películas de Disney, o veías en la casita de Barbie de tu primita.

Por principio, uno no puede contar una narración de esta clase, es una contradicción relatar a perdedores. Es volverse demasiado romántico, y si sigo por ese camino quizá termine con que el próximo mes deba comprar toallas sin alitas. Que ahora esos perdedores trabajen y sus jefes o sus empleados puedan cubrirlos de billetes, es algo que vale entera madre. Un fracasado no es porque tenga menos lana. Un fracasado es ese que se da cuenta que vivir la vida con el "establishment" es muy mal negocio, y no hay de otra que hacerlo lo más divertido posible. Y lo más intenso posible. Y si es posible, masacrarse hasta el final con su *modus vivendi* y todo lo que ello implica creándose una religión fuera de los límites del propio Jehová. El hacking por ejemplo.

*****

Las garras de las fieras

Dadme un poeta: haré de él dos músicos de los cuales
uno será cancionista y el otro el pianista que le acompañe.
Al cabo de un instante, el cancionista habrá montado
un cabaret llamado "Montmartrense". Unos años después,
el pianista habrá muerto alcohólico y
el cancionista será príncipe, duque o algo mejor aún.

Erik Satie

Labios rojos. Una cantina barroca. Una mesa. Veinte ampolletas de cebada. Muerto y ahogado de "pedo" no te levantes del taburete, ¿qué ganarías con resucitar? Una parada al retrete, náusea, arcada, convulsión, regurgitación y después la misma rutina de siempre; no te conviene viejo, no te conviene. Los temblores de la mano, el lenguaje compilando al gusano, San Pedro traicionado, una luz choca contra nuestras pupilas "Segmentation fault core dump". Esta es la tremebunda imagen de algo que no debería de pasar y está pasando. Vénganos tu reino: los estudiantes se empinan una "Graciela" tras otra, no saben por qué su Frankenstein no cobra vida en la memoria dinámica del sistema, pero la fuente de su poder está ahí: un barril de malta, Becherovka y anexas por si es necesario preguntarle al hada verde cómo evitar una "condición de carrera". Vamos cuesta abajo y lo peor del caso es que no queremos parar. ¿Qué me podría dar inspiración, qué podría crear la sinapsis necesaria en mis células cerebrales para darle vida a mi creación? Preguntó un alcohóli…estudiante al Maestro de Programación. "Una intoxicación binaria" fue su respuesta. Hágase tu voluntad y no la mía.

La primera vez que F se paró a dar una exposición enfrente de todos los maestros de la facultad y la directora de carrera, habían pasado dos horas y media desde que fuera con todos sus compinches a visitar la tan famosa carpa del "Nada Personal".

Organizaban una tardeada con aguas locas servidas en vasos de unicel camuflados con Boeings de naranja y piña, así que si realmente querías ocultar la peste de orangután que te contraías, luego de zumbarte la mezcla conocida coloquialmente como "riñón de mandril", debías bañarte en desodorante o dirigir tu asqueroso aliento hacia una zona neutral, el piso o el techo. A F no le quedó más que la última opción, y como el auditorio donde se realizaría el solemne acto tenía la grada inclinada levemente hacia arriba, esto le vino como anillo al dedo.

Doce años antes F es un escuinclito idiotita mustio de su escuela llena de niñitos caprichosos. Contra todo pronóstico logra salir de allí, pero si en ese momento a la profesora de quinto grado le hubieran dicho que estaba educando a un rebelde biológico, quizá ella habría…F aprende ahí que el desmadre es asunto muy privado, y lo que da para afuera puede marcarte de por vida.

Sin embargo, pese a ser un mocoso imberbe, su desmadre va creciendo como hormonas en púber. Tiene buenas calificaciones y le toleran sus desplantes en el colegio. Se vuelve medio rocker y lo toleran en su casa. Llega el día en que se hace un piercing él solito con un compás en la clase de Matemáticas, y en la escuela ya no lo soportan. En ese ambiente de delincuentes juveniles, F llega a la prepa como llegan los cabrones: inhalando.

H gruñe: su vida se tiñe de ensoñaciones antes y después de la universidad. Su muy particular línea de tiempo a.C y d.C. Lo que no sabía era que lo estaban depositando en la boca del lobo. Parte de la culpa, en ser otrora un pinche teto la tenían sus compañeros "bicuchos" que lo acostumbraron a vivir en un mundo, que sería capaz de ruborizar al no menos teto de "Emil Sinclair". Para su (mala) suerte llegaría "Max Demian" más temprano que tarde y le susurraría unas cachondas-protervas insinuaciones de vicios ubicados en la parte baja del vientre y en la parte media del esófago. Poco a poco la "Calavera de Hoja Santa" servida en la cantina el "Gallo de Oro", fungiría como una gloriosa bebida de poder, que derrotaba cabalmente a las mariconas huestes de la prepa vestida de monja. H asiste con voracidad a todas esas sesiones de fantásticas vivencias, y se deja ahogar con sus hedores, no dejándole más salida que la metamorfosis completa.

Con la perrérrima sensación de ser un canario enjaulado, H sale de la prepa deslizándose hacia el "Océano de la Emancipación", en cuya región abisal se pone a elucubrar. Diez años después pinta historias donde las curvas de su pluma hablan en globitos y espirales y lo mismo le sale un dragón, que una ciudad francesa, pero siempre moviéndose de acuerdo al transcurrir de su ágil y dotada mente, esa que H ya trae en su cráneo desde feto y entonces crea – cosa que ni sus demonios, ni sus falanges van a dejar de hacer nunca- porque diez años más tarde sus creaciones se basarán en hermosas piezas de ingeniería que no cualquiera tiene la capacidad de contemplar. Lo que crea no son propiamente bestias mitológicas o lugares, sino cierta asociación de sentencias "if, for, while, define, include, void". Purasangre atrapado en un establo, H va a la Universidad a guardar silencio, porque lo que ahí le dan, ya lo sobrepasa desde hace mucho.

Nunca pude distinguir cuál de los dos era el más "desmadrante". P. Barbados o P, o su cuate, (literalmente hablando) C. Barbados o mejor dicho C. Siendo parte de una familia cuyos hermanos desfilan de manera simétrica, estos cuates se meten cuanta chingadera pueden. Desgraciadamente apenas entrando a la prepa, C sufre una experiencia cercana a la muerte, lo que provocaría se modificara en cierta forma la vida de los hermanos, especialmente con el cuate. Sin embargo, como todo lo realmente culebra o bien te "quiebra" o bien te mantiene, P y C continúan su prepa. Los maestros les exigen aprenderse de memoria cosas como la Historia de Norteamérica, pero naturalmente uno de ellos anda más clavado en jugar videojuegos, en su colección de gamer, y en las chicas de enormes pechos que desfilan por la escuela. Doce años después sabría que para volarle los sesos a un monito de "Counter Strike", había que entender Física de Partículas, programar como auténtico Dios y que le hagas bailar al cliente un sonoro huapango en tus bolas, mientras resuelves un bug, que truena el millonario gameplay. Las clases tal vez tienen un toque mágico: el profesor de Historia les enseña lo que ni en drogas van a querer hacer y saber en su vida.

Es entonces, al llegar a la Universidad, cuando P pasa de la ñoñez solapada por una academia genérica a un espacio completamente nuevo, donde se manejan códigos y lenguajes que no le son del todo extraños.

Su rito de iniciación a la nueva logia se cumple con creces, mientras todos se meten hasta la última gota de elixir dorado en el "Cesar's" (cuyo recinto extrañamos con la fuerza de mil soles). Tal vez P había pensado que la "uni", era una extensión de la ñoñez, pero poco tiempo después saca sin perdón a F de las clases de Humanidades, en el "Angelus", obligándolo a mojar su hígado con botellas adulteradas. Es el año 2006.

*****

Pero aún no soy un santo. Soy alcohólico. Soy drogadicto. Soy homosexual.
Soy un genio.
Truman Capote

Las "Insólitas Imágenes" fue una "chayres" inventada una vez que los FHP's quisieron comprar una deliciosa arma blanca digital para volverse Mark Zuckerberg, o bien sentirse Kevin Mitnick (A P le ultra-zurran estas armas blancas por cierto). Realmente no fue jamás un proyecto. Las Insólitas Imágenes son un nombre, que toma una pequeñísima parte de la esencia, de lo que hoy son (o fueron) Lulzsec, Cult of the Death Cow, Glaucoma, Savage, Raza Mexicana o Mexican Hackers Mafia y básicamente se refiere a un poema escrito en el año 2011, con protagonistas reales de la vida de su copro-dipsofílica majestad, sin embargo me sonó poca madre para nombrar a una asociación de lacras informáticos como lo eran F, H, P y *et. al.* Me gustan las designaciones rimbombantes.

Un día F está jodidamente pasado en una fiesta y le habla a sus tres mosqueteros para que se paren a gritar con él: H le llama a P, y éste a su vez le llama a Macareno "Oigan como que se me anda prendiendo bien duro el hornillo por entrarle al 'capture de flag', a lo mejor esos batos de 7timo semestre nos la pueden pelar. Yo sé muy bien que no tenemos la experiencia, (chance ni el equipo) pero nos podemos meter a hacer algo de ruido, a inventarnos maniobras y a dejarnos ir por ahí donde no conocemos, todavía. Además 15 mil lucas de premio no están para nada mal. El puto Macareno tiene su Monster Lap, es cosa de que nos ruede el cheto durante 45 min y todo va a ir saliendo como una olorosa diarrea."

11

Cuando llega el día del concurso, 17 de abril del año 2006, los cuatro se visten de gala: F se pone una playera de calavera plateada con Pearl Jam de fondo, H una sudadera blanca de borreguito tierno (arre borreguito, arre burro arre), P un traje sastre de "StormTrooper" directo de Comicon y Macareno va encuerado. La bizarrez vuelta hombre.

La tarde se revelaba en verdad interesante, una de esas tardes excelsas que existen solo para poder pasarlas en un dulce y diabético *fax niente* hasta llegar a orgasmearse en la propia dicha sin miramientos, ni contravenciones. Así que para no perder ni uno de los instantes medidos con precisión atómica, de los que se suelen componer esas tardes placenteras, se pusieron manos a la obra. Fueron al concurso, y llegaron a él, ignorando el letrero de bienvenida que decía: "Love an animal, Hug a Haxxor".

Sin un apresuramiento que en tales escenarios resulta pernicioso, escudriñaron un lugar que reconociera a los gravámenes instituidos y se encaramaron a él. Consecutivamente, procedieron a elegir el enlace adecuado, guiándose por la "Teoría de *revolutionibus orbium coelestium*" ¿He hablado con sobrada mamonería? Pues lo diré más claro: se aperraron una zona en la que durante todo el concurso iban a poder espiar a los otros weyes.

Pero en lugar de ver qué diantres hacían los otros, se fueron clavando en su *own bussiness*. Unos no saben lo que teclean, y otros ignoran lo que hacen. Particularmente, porque buena parte de lo que ven en las pantallas apenas están descubriéndolas. Los "ninja hackers", los barridos e intrusiones bajan sin parar por las máquinas de los dañados, donde ciertamente y de forma sorpresiva, no están ellos. El hecho de que estos changos tengan sin saberlo un grupo, en un concurso pitero, no es algo que dependa totalmente de su voluntad. Después de todo, un grupo no es algo que se tiene sino algo a lo que se pertenece. ¿Cómo le hicieron para ganar esa competencia? — me pregunté --- ¿Qué sustancia les permitió alcanzar un estado alterado de consciencia?

¿Qué preparado fue el que los transportó al país del bit? ¿O simplemente han bebido sin medida vasos de tequila "Chula Parranda" tibio? ¿Qué tipo de masturbación le hizo aquella cabaretera a Macareno para que le aflojara los 15 mil pesos completos que ganaron?

Pero la decisión de formar algo en realidad no es tuya, esa decisión como les dije ya fue tomada sin considerar tu voluntad, *a priori*. Si sigues por ese camino, tu vida ya se "chingajodió"; pero si te abres como marica y te conformas con no obedecer tu propulsión, no solamente estas "chingajodido", sino que además eres un "pendejete" y ya no hay nada qué hacer.

Cuando F, H, P y Macareno se juntan, sometiéndose a las indirectas de la circuitería demoniaca, saben que serán adictos sin regreso. Tienen que crear, y romper secretamente el séptimo sello. En verdad les digo, que esos tipos se han vuelto címbalos retumbantes.

El profesor de Civismo del Instiputo Pedanárquico Oficial 999 solía alertar a sus estudiantes sobre el peligro de convertirse en fósiles, especímenes non gratos, que cual *Pterodactylus antiquus*, van enterrándose cada vez más profundo en los años de la secundaria, sin llegar a ningún lado. Simplemente convirtiéndose en petróleo; vivas demostraciones de sanguijuelas que chupan la vida de los neófitos y van cambiando de víctima. El maestro, apersonaba al Papa Benedicto XVI y se ponía a hablar sobre cómo acariciar correcta y lujuriosamente a una mujer, para incitar cierta clase de escalofríos impíos en pieles de gallina, mientras indubitablemente, tiraba excremento sobre esa raza de personas. Vividores ambulantes, gente indeseable. Macareno era parte de esa gente. Tal vez, su aclamado líder.

Efectuando un profuso cálculo de records académicos, Macareno presentó una cantidad de exámenes extraordinarios, equiparable al número de chelas que se bebía en una sentada, por las noches del

Lupe-Reyes. Un día en la misma clase de Civismo, Macareno llega con una camiseta que permite deducir fácilmente sus costumbres relacionales, y sobre todo las predilecciones botánicas de su dueño. "Flower power". El maestro, que conoce bien la yesca, pero por lo visto al menos no sabemos que le gusta, obliga al joven Macareno a cambiarse. Entonces muy inocentemente, Macareno vuelve sabiendo lo que tiene que hacer: se pone una camisa cuyas curvas fálicas de ceros y unos serán de seguro suficientes, para desafiar por segunda vez al pedagogo. Este, que al parecer no gusta ni de la mota, ni de los penes dibujados en formato "ASCII", le da un boleto de ida al carajo. *Quelle Horreur*. Para entonces y a sabiendas de la reacción de su maestro, ambos tienen una cosa en común: ya saben de la vida en el *underground*.

Cuando R agarraba un control de Xbox y un montón de botellas vacías como micrófonos, las niñas del antro-putero-bar conocido como el "Tangerine" se le ponían a bailar. R inventaba los sonidos que podía con sus eructos a través de una hilera de ruidos aguardientosos que por sí mismos animaban el reventón. Gracias a que se convirtió en el padrote de cuanta fiesta se armaba en Cuautitlán Izcalli y Ecatepec, y pese a ser un nerdo sin remedio, encajaba muy bien en el mundo de las niñas. No como un putito claro, sino del otro tipo de encaje.

Ya entrado en la adolescencia tardía, R se junta con su amigo Macareno; lo saca de su casa y adentro arman la bacanal; sin Macareno naturalmente. Rentan la casa de Macareno, invitan a los cuates, y se tararean canciones lo mismo de Café Tacvba, Enanitos Verdes, y Soda Stereo que de Nightwish, Therion y Slipknot, ciertamente dotados de un inglés *super washa washero*. R vive en un ambiente que no le permite jamás estar sin nadie. Si se queda en su casa está su altamente revoltoso hermano; apenas sale se topa con Macareno, o con uno de sus cuates de la cuadra. Desde entonces desarrolla un cierto mimetismo que le permite pasarla bien con las más dantescas clases sociales sin pelearse con nadie. Con los vergueros, con los silenciosos, con las feminazis y los misóginos, con los lics y con los inges, lo único que le importa a R es gozarla.

Un día se fuga de la secundaria con Macareno, uno de sus compadres agandalla un Tsuru de su casa y se largan todos a las trajineras de Xochimilco. En el camino se han aprovisionado de unos cartones de cerveza Corona de la más fina de la delegación.

Y por último… a ponerse bien "Persas", como dirían ellos y como toda la vida fue.

*****

La Raza Digital Mexicana

/ | =- RaZa MeXiCaNa TeAm -= | \

Fundadores : xDAWN, Helio, Arkhe

Editores : xDAWN, Yo_Soy

Graf. ASCII: Yo_Soy

Integrantes: Xdawn, Helio, Rodman, Yo_Soy, dR-
SeuSs,
Megaflop, Acidgum, SuFfeRbOY, Lars,
Sejo,
Guybrush, Adolfo, Nothing,
Arkhe,Intocable,
Scanda, OzZo, Tania, Chuchovsky,
Machete,
LuisXV, DarkAngel, Etam, Absolut, Egle,
Monty, Icaro, RazaTeam, RaW, Andresito,
DC-ViRuS, KraKon, KoSMo16, laurah,
quique_,
Jery-Jam, sailor, TadeuS, ChaMiQuil, kobe.

*"Últimamente me he encontrado
en varios lugares con personas que hablan
de hackers, de robar passwords, de violar
redes, inclusive hay gente que ya empieza a
verle un símbolo de dólares al hack (aquí*

en México). Y ni hablar de las
publicaciones escritas, ya casi en cualquier
revista que leo hay un artículo de hackers,
hasta en el libro sentimental que lee mi
Madre vi algo sobre hackers.
Sin lugar a dudas los hackers
están invadiendo todos nuestros ámbitos,
desde los que violan passwords para sacar
información de auditorías al gobierno, los
que lanzan ataques DoS a servidores hasta
los que cambian las
presentaciones de powerpoint para poner
pornografía.
Me gusta pensar en la idea de que
Raza-Mexicana ha tenido participación en
este cambio de cultura, que de alguna
forma fuimos, somos y seremos parte del
cambio, esto me recuerda las palabras de un
ex miembro de Raza que tuve la
oportunidad de ver en el Razatour2003, le
cuestionaron el por qué dejó raza, a lo cual
respondió que ya no encontraba un
beneficio personal; eso me dejó pensando
en cuál era el beneficio que obtenía al ser
miembro de raza. Estar horas frente al
monitor, pasar noches sin dormir, dejar a
un lado mi vida social, descuidar mi
escuela, dormirme en el trabajo, todo esto
vale la pena cuando abro mi correo y
encuentro un email donde veo que alguien
se cuestiona, cuando leo que alguien está
buscando sus propias respuestas y no se
conforma con leer un e-zine y creer en todo
lo que ahí se dice, ese es mi beneficio
personal.
Bueno, ahora que lo pienso

también tengo otro beneficio: el tener la
oportunidad de convivir con gente como
yo, así de locos, de desvelados, de
inquietos, de irreverentes, de inconformes,
de buscadores, de luchadores, de gente que
genera cambio y rompe paradigmas, de
weyes que comparten el conocimiento, eso
es algo por lo que vale la pena estar aquí.

Vlad"

(Editorial, E-zine No. 15, de Raza Mexicana, Septiembre 2003)

La historia de los hackers en México mantiene un símil cultural con sus contrapartes ubicadas en los países donde estos grupos tuvieron un impacto soñado, estamos hablando justamente de los Estados Unidos de América en el inicio de la segunda mitad del siglo XX, sin embargo, a pesar de no contar con referencias confiables, definitivamente la caballería mexicana no comenzó su travesía al mismo tiempo (y nivel) que la americana. Es difícil esclarecer históricamente la aparición de dichas organizaciones en los países Latinoamericanos (desde que se acuñara el termino hacker hace ya más de medio siglo en el MIT), sobre todo por la secrecía en la que se manejaban sus primeros integrantes, y eso es porque realmente nunca planearon una incursión fuerte en la escena global, para impulsar la sabiduría hacker o utilizando por supuesto, sus artes oscuras para influir en corrientes políticas o movimientos sociales.

Mexican Hackers Mafia, Raza Mexicana, RareGaZz, Acid Klan, Leyenda Urbana 99 entre otros nacen aproximadamente a mediados-finales de la década de los 90's cuando grupos de estudiantes (y no estudiantes), mayormente preparatorianos o adolescentes en su veintena, crean sus tropas particulares para inquirir en las delicias prohibidas de la oscuridad digital. Dichos grupos mantenían una colaboración nata y efectiva entre sus participantes, enriqueciéndose del conocimiento compartido, igual que hicieran sus ancestros de la "old school" durante de las décadas de los 60's y los 70's.

Principalmente las mayores contribuciones de estos grupos al panorama hacker en los países hispanoparlantes fueron: la construcción de conocimiento por medio de reuniones clandestinas organizadas en las casas de los mismos integrantes, o en espacios recónditos de la ciudad, e-zines (revistas electrónicas) abiertas a todo tipo de público, pero con contenido tanto de la filosofía cultural cyberpunk como de las técnicas hacker del momento, y también el incipiente IRC, que no fue su creación, pero era la principal plataforma de comunicación durante la naciente época de Internet, en la sociedad mexicana, y fue fuertemente adoptada por estos individuos para dar a conocer sus ideales.

Particularmente opino que los e-zines dejados por esta élite de hackers primerizos son oro puro en el "imaginarium" digital de México, y un acervo fidedigno de las hazañas de estas pandillas underground, que a su vez fueron los precursores de las diversas vertientes de cyberpunk y hacktivismo, suscitados con mayor fuerza durante los años posteriores, y con un clímax real entre 2012-2014.

Solamente basta con surfear un poco la red[1] para poder descargar esos compendios de información y conocimiento que cubrían de forma magistral todas las materias necesarias para envolverte en el

---

[1] El conjunto de e-zines de todos los grupos hackers de México se encuentra en este sitio: http://www.hakim.ws/ezines/ezines.html

mundo del hacking, desde cuestiones altamente técnicas como Phreaking, Reverse Engineering, Fuzzing, Hardening, Cracking, Gaming, Warez, manuales para todo tipo de incursiones y ocios, Sistemas Operativos, hasta textos dogmáticos de Cyber-anarquismo, "Éticas Black Hat", La Consciencia de un Hacker y un muy, pero en verdad muy largo etcétera.

Sin embargo, a partir de ellos podemos hacer énfasis en una diferencia sustancial, entre los grupos mencionados anteriormente y los nacidos en los años venideros. Surge un término que es derivado del hacking pero con implicaciones filosóficas fuertes que van más allá del simple intercambio (o generación de conocimiento) por el conocimiento mismo. Lejos del estereotipo de personas introvertidas, aisladas y exclusivamente obsesionadas con la programación y la seguridad informática, que eran la mayoría de los hackers de Raza Mexicana, Mexican Mafia y demás, muchos hackers (y no tan hackers) toman consciencia de las dimensiones políticas del código que escriben, de los programas que utilizan, del poder de la comunicación y la interacción humana a través de las redes, y se lanzan para amplificar sus efectos. Nace así el hacktivismo, ese híbrido entre hacking y el activismo, un extremadamente controversial y delicado concepto de intervención política y tácticas de subversión digital, cuyos orígenes recientes se remontan a la reacción de algunos miembros de Cult of the Death Cow, L0pht, Phrackers entre otros, contra los gobiernos de China e Iraq, en su lucha contra la censura y los derechos de libre expresión.

De un modo u otro el hacking y las redes siempre han estado unidos a ciertas actividades políticas de sublevación, desde la vieja rivalidad de la derecha y la izquierda. Por lo tanto, el hacktivismo se podría remontar hasta los orígenes de la Internet misma. Los ideales de acceso universal a las computadoras, flujo de información permanente y derecho a la privacidad, son una constante de la cultura hacker y por supuesto, de que la información debe ser libre.

Justamente en 1994 el panorama del underground informático en México experimentó uno de los puntos más álgidos de su historia, concerniente a los inicios del hacktivismo y su impacto en las sociedades modernas, cuando el Ejercito Zapatista de Liberación Nacional (asesorado por la BBS de Peace.Net y por The Electronic Disturbance Theater) se sirvió de internet, para dar a conocer al mundo el levantamiento armado y las demandas sociales de los indígenas chiapanecos.

Normalmente, cuando nos encontramos bajo un esquema de ciberguerra se categorizan tres activos primordiales, esquematizados en capas: la capa física (definida por el hardware y las redes), la capa lógica (definida por los programas y protocolos que se cargan sobre el hardware) y finalmente la capa más abstracta de todas, que es la capa de la información. Los Zapatistas, conscientes de su incapacidad de ganar batalla alguna en las capas físicas y lógicas, decidieron optar por intervenir en la última de ellas (amplificando su mensaje a través de la red) y utilizarla como punta de lanza política y social. Así fue como ellos decidieron atacar el ciberespacio. De forma inverosímil, los comunicados de los indios de la Selva Lacandona atravesaban el planeta viajando de inbox en inbox, a través de las primitivas redes sociales de personas que, cautivadas por la actitud guerrillera, reenviaban los comunicados a familiares y amigos. El resultado fue que los ojos del mundo se posaron en Chiapas y actuaron como una defensa infalible, ante cualquier intento de subyugación del gobierno mexicano.

Pronto surgiría el ciberzapatismo: una forma de "disturbio electrónico" en la red. Hacia el año de 1998 salió a la luz una herramienta precursora de los molestos (según algunos) DDoS en línea: El *Zapatistas Flood Net*. Este hermoso software era un pequeño programa hecho en Javascript que repetía 3 veces por segundo la petición de página al servidor objetivo de la protesta. Para el participante en este acto de desobediencia civil digital, bastaba con dejar abierta la ventana del navegador y sentarse a ver y sonreír. Aproximadamente 80 000 personas participaron en esta manifestación virtual y el servidor que alojaba la página web del entonces presidente de México cayó. Acciones parecidas se coordinaron también gracias a varios grupos de hackers como los que ya cité arriba.

Esta fabulosa táctica de utilizar internet como eje principal de ataque ante los contenidos de los medios tradicionales, no sólo se convirtió en un recurso muy recurrente por activistas y bandas de ciberdelincuentes; asimismo, hizo pensar a muchos estudiosos del tema que a futuro, México tendría un lugar destacado en dicho universo de protestas digitales, deducido por el número de personas que había en la capital y especialmente, por el creciente número de individuos con acceso a Internet, que se expandía rápidamente en cada hogar de la urbe mexicana.

Hoy en día, a más de una década del hacktivismo zapatista, el fenómeno hacker en México ha experimentado un crecimiento exponencial y creado una vanguardia de tecno-marketing dirigida principalmente por el grupo Anonymous. Sin embargo, cabe destacar que dicho crecimiento no ha tenido como impulso central el reto que implica la programación, la creación, la respuesta con soluciones elegantes a problemas difíciles y el intercambio de información, (referentes en la utópica época de la "old school").

De igual manera y teniendo como soportes a una sociedad caracterizada por la globalización, y a una industria cultural capitalista capaz de absorber cualquier expresión para volverla masiva e inocua, la cultura del hacking ha logrado ser asimilada y reducida a una parafernalia, que no cuesta ningún trabajo de alcanzar. Es por esa misma razón que en nuestros días, miles de personas se vuelcan a Internet a realizar actos de protesta (o de trolleo únicamente) sin prestar atención al conocimiento adquirido, para llegar a donde actualmente podemos posicionarnos como sociedad meramente tecnológica.

Y también por esta masividad, se dificulta abordar la historia y el estado del arte del hacking en México. Sin embargo puedo asegurar que los mexicanos a pesar de las incontables críticas y estudios de "expertos" gozan de un nivel bastante aceptable dentro de la comunidad hacker a nivel internacional, y un nivel más que sobresaliente en el tema del hacktivismo global. Empero, si queremos clasificar a nuestro personal entre hackers, crackers, lammers y demás, me parece que estas palabras ya son muy juerguistas y arcaicas para retenerlas en la actualidad y debemos asegurarnos de crear nuevas designaciones.

Es altamente probable que el hacker mexicano abarque mucho más allá de los credos ilusorios (y risibles) de la vieja escuela y los grupos de antaño, que para mí se pueden quedar en la gloria de su pasado.

Creo profundamente gracias a los acontecimientos ocurridos en recientes años, entre manifestaciones digitales de alto calibre combatiendo la violencia y la muerte, hasta la creación de organizaciones estudiantiles ayudadas por la cibermilicia, contra la imposición y la corrupción del gobierno, que la cultura hacker en México ha adquirido un elemento de expansión que va más allá de las Ciencias Computacionales o los meros tecnicismos, y se expande a otras disciplinas como las Matemáticas, la Física o la Literatura. Espero que en los años venideros esté por desarrollarse mucho más, y que México se vuelva un referente mundial en las directrices tecnológicas y filosóficas que marcarán la vida humana, caótica de por sí, y en sus maneras de aterrizarlo a la sociedad.

*****

"Yo habría debido ser sombrero negro o ya de perdida gorrito de papel crepé. Pienso a menudo que estando con ellos tuve numerosas oportunidades de haber desarrollado ciertas habilidades, y francamente nunca me importó aprenderles algo de sus dones "mágicos". Aunque en definitiva fui yo quien decidió el nombre y el rumbo que tomó el grupo. Mis amigos me llaman "hacedor de hackers". Quizá no tan buen hacedor, porque jamás pude volverme uno. En fin, es la voluntad del monstruo del Spagetti supongo... Ahh! Qué cosa tan extraña es eso de andar bautizando concilios...si, cuando yo lo hice la primera vez, era muy joven. En el momento de bautizarlos a ellos me sentía poderoso, no sé, invencible a pesar del tremendo dolor que sentía por el nombre de la joven que utilicé para llamarlos a ellos, y con la que mi corazón se despedazaba. Era como si todo lo que había estudiado, creído, visto, dicho y hecho en todos los años de mi vida frente a los bits de esas máquinas, se hubiera vuelto cierto de un madrazo, como si atrás de la Monster Lap de Macareno, de los scripts de P, de esas sublimes borracheras hubiera un juez diciendo: tiene usted la razón. Era posible, ¿no? Por más que mis papás y mis maestros se hubieran empeñado en que mi mundo fuera una oficina o una escuela, yo estaba consiguiendo espacio. Aire. Futuro. Cosas que un estudiante no puede imaginarse tan fácilmente, y menos si su idea de vivir es no sé, alcanzar pronto un puesto gerencial en una empresa importante y vender su capitalista alma al dinero. Yo quería obedecer, pero al destino. Y a mis necesidades. Y hasta a mis caprichos, que a la hora de la hora eran los que contaban. Yo quería que contaran y esos cinco vengadores con sus códigos maliciosos estaban de acuerdo conmigo.

Dime... qué tiene de malo que te pongas a analizar, exprimir y elucubrar de todo lo que gira en tu cabeza diariamente... ¿qué tiene de malo que a veces utilices a las personas? Lo contrario es peor ¿no? Francamente te lo digo así de pelado porque yo gocé de muy malas amistades en mis años universitarios. En especial cuando se les ofrecía algo que mi grupo de mosqueteros sabía hacer con maestría y ellos no podían lograr. Escribir mensajes usurpadores "desde el teléfono del director" con cara de culo compungido, inyectar una pequeña bomba lógica que abría un video lésbico, justo en la tablet de la profesora de Ética, volver perdidizas las bases de datos de las listas de asistencia; o temerariamente, a veces muy temerariamente, obtener la cuenta personal de correo del jefe de carrera o un post delator desde la cuenta de Facebook del novi@ de alguien desatando una guerra nuclear, y todo lo anterior a cambio de varios pesos…o unos besos lambiscones, dependiendo de la clientela.

Para eso si éramos muy convenientes ¿verdad? Para correr los riesgos y quedarnos solitos con la mala fama. No es por presumirte, pero casi siempre eran mujeres con sus artilugios de hembra las que nos llevaban al calvario. ¿Sabes cómo convencían a F por ejemplo? Le susurraban al oído: "Oye mi Diablo, mi diablito"… Y a pesar de que él pensaba: "Estas mugrosas me rajan como sus piojosas madres nada más para meterme en broncas" le fascinaba que le llamaran por ese apodo. Cuando alguien te llama de algún modo, lo que en realidad hace es endilgarte su naturaleza. Un monstruito que se alimenta de puras prohibiciones. Por eso digo que le encantaba esa denominación; tal vez F era un nerdo ñoñito, pero su apodo no. El diablito se erigió vigoroso, sagaz, inteligente, atrevido, excesivo, penetrante. Él es el héroe, de todo. Y F lo admiró tanto desde ese entonces que siguió estando a su disposición para hacer lo que le viniera en gana. Y lo que siempre quiso él y quiso F y quise yo y quisimos todos, fue convertirnos en uno con nuestro propio mote y nada más.

Sacarme como dirían ellos, mi código fuente y compilarlo con él: de eso se trató el cuento.

Un niñito ñoño con no sé, vocación de hombre misterioso, viajando por el mundo digital y el real, reinventándose a diario en esa frontera que casi nadie toca, ni conoce. Eso definitivamente no es para cualquiera…"
*****

27

If you don't know what they wanna, they just want your tepalcuana mana

Alas, my bitter-sweetness, you do me pain
To blow me off discourteously
And I have loved you since I met you
Delighting in your grace...

Marjorie-Stewart Baxter "Enchantress"
(Seudónimo utilizado por algún excéntrico pseudo-escritor)

El ensueño tiene un subtexto erótico. El hecho de meterte la boquilla de una botella en la boca, es la expresión de la típica fascinación oral de la infancia, que tiene su base en la sexualidad todavía dormida. Lamer y sorber al beber, sin pensarlo, es el inconfundible comportamiento pubertario, aunque hay que reconocer que conozco a muchos que no dejaron de hacerlo, ni siquiera a la edad más avanzada. En lo que respecta a los encogimientos y alargamientos producidos por la presión de un dedo índice sobre una tecla, al elaborar "estructuras de bajo nivel", creo que no seré demasiado original, si les recuerdo con magnificencia las teorías freudianas. Se trata del deseo inconsciente de erigir, de formar parte en el misterio de lo oculto, de participar del secreto y adentrarse en el mundo de los sombreros de color. También hay en ello una base sexual. El hacker desea...

Al contrario de Las Insólitas, Grupo X. si era un proyecto. Fueron el sueño hecho realidad, después de 15 años de mendingar vendiendo equipos de cómputo baratos, del señor S. Bonta experimentado tratante de imbéciles con títulos de *sci-fi guys* hasta que un día, se cansó de ellos, y quiso formar un grupo real. Pero el señor Bonta no sabía que los grupos reales de "Jedis digitales" no se hacen desde arriba, salen de las coladeras y como las ratas callejeras que son, corren, se escurren, escalan paredes, cruzan todo tipo de trampas y un día sin que tú puedas remediarlo se cuelan a tu cocina, suben a tu dormitorio, se meten a tu closet y se instalan debajo de tu almohada. Es así como encuentran un "backdoor" en las paredes de tus sueños, y una vez adentro es posible que jamás salgan.

Grupo X eran F, Macareno, Ivan S. y Miguel J. Un puñado de locos que serían seducidos por el encanto de pertenecer a una élite informática que se encargaba de sufragar con creces los intentos de penetración malwaresca en todo el país. Pero mientras S. Bonta llenaba de orines calientitos y babas picosas los oídos y el cerebro de su entusiasta elite: equipos de última generación, oficinas privadas, cuentas Banamex con nóminas de 6 dígitos, ignoraba que una rata previamente hechizada por el libertinaje, difícilmente va a entregarle su alma a un tipo como él. Porque francamente aún si se la diera, no sabría qué hacer con ella, le quemaría las manos, buscaría una bolsa ziploc para empaquetarla con toda propiedad y se esterilizaría el cuerpo. Empieza el 2012.

Mientras tanto, en otra parte con algunas de estas ratas, se intenta cuajar una oscura empresa que no permite aspectos "godinezcos" en su haber. No promete otra cosa que los días ácidos semi-amargos pecaminosos del hacking.

Cuando S. Bonta se va al tambo por andar declarándole mal a Hacienda, se acaba el principal problema de Grupo X: su dueño que hace un manejo del dinero pavoroso. También claro se acaba Grupo X.

F: Mi mamá no quería que estudiara algo como una carrera de ciencias. Ella me soñaba siendo rockstar y un aclamado multi-instrumentista. Además me enseñaba idiomas, los cinco que ella habla. Pero sinceramente así como me perfilaba, yo de chavito me imaginé que de grande tendría lentes de botella y cara de pendejo, virgen hasta los 40 y con 10 gatos en mi pocilga.

Macareno: La frase preferida de mi parentela era decirme: tú eres adoptado. Porque cada año que pasaba me parecía menos a ellos. Yo era un asco en la Universidad. Odio las aulas y todo lo que tenga que ver con esas pestes.

P: Durante el Kinder no recuerdo haber tenido problemas de conducta. Nada más pasé a la primaria y me entró *il diabolo in il corpo.* . Mi pasatiempo favorito era (y sigue siendo) verle (y tocarle) debajo del brassier a las maestras.

R: Hola soy R, vivo en Ecatepongo a gatas cerca del pueblo de San Casteabro. El postre de aquí son los cacahuates sacooneses, el chorizo en papas y el dulce típico de la localidad, es el camote en barras de calabaza.

Una vez que estás dentro de tu mente, el comienzo es claro y bueno. En la habitación de tu cabeza se respira una bruma que solamente es tuya. F se consagra a aprender todo lo que puede sobre el mundo creado por "Turing", desde el año 2005, y lo único que se dedica a hacer, son contextos elaborados por lenguajes con nombres de letras del abecedario y símbolos typo: C, C++, C#.

Pasa dos o tres meses encerrado en el aula y cuando sale afuera todo es distinto. Pero siempre necesita empaparse de sus valedores, esos que también tienen nombres de letras del abecedario. Como iniciadores de algo que por el momento no pasa de la Universidad, P, H y F se dejan ir lejos. La idea es vámonos al carajo. Y el carajo está en Cuba.
*****

Primera Invocación a la diosa de los fuegos. La centinela de la flama. (Se sugiere la asistencia de un chamán y beber de la "soga del muerto" para comenzar la comunión con la guardiana).

Para analizar la mente de un "Swiss Digital Knight" tenemos que vérnoslas aquí con un caso típico de conflicto entre el id, el ego y el superego. Como saben ustedes en la psiquis humana, el id se dirige hacia lo peligroso y lo instintivo, lo amenazador y lo que no tiene raciocinio, aquello que está fuertemente atado a la autosatisfacción, sin reflexión, una tendencia que es imposible de detener. Ante tal acatamiento irreflexivo de los instintos, el individuo en cuestión, intenta en vano justificarse imaginando dictámenes del tipo < Enter the vertrex > o < Access denied > con lo que por supuesto, tontamente, intenta someter su id al control de su ego racional. El ego de la persona en cuestión ha sido inculcado con los dogmas de la sociedad, incluyendo sus más primitivas leyes, la apariencia y la necesidad de estar sujeta a decretos y contravenciones. Todo ello lo intenta controlar sin éxito el superego, y este aunque elemental, gobierna entre otras cosas su capacidad de imaginar. Por ello, también intenta traducir en visiones e imágenes los procesos que están teniendo lugar. *Vivere cesse, imaginare necesse est,* si los respetables lectores me permiten parafrasear. Y entonces amable público, me consentirán de igual forma que la explicación dada anteriormente, aunque teóricamente correcta, no explica en modo alguno la mente de dichos *Caballeros Digitales;* así que todo deviene en un caso clásico de charlatanería académica. Lo que te lleva realmente a querer burlar el <Access denied> de forma exacerbada, es tu propio deseo, tus alucinaciones internas excitadas por una causa o por alguna sustancia. O bien, por la combinación de ambas: una mujer por ejemplo.

Claro que para irse a Cuba, no basta con ponerse hasta el culo de alcohol los viernes en los "Bandidos". También se necesita hacer lo que un pintor renacentista hizo con la familia Medici: meterse en putiza a pedir prestado y trabajarles siendo sus retratistas a sueldo.

Evidentemente los "estudihambres" no pudieron ir. Solamente P logró hacerlo, y de eso hablaremos un poco después. Pero los monos que no fueron, o sea H y F armaron lo que más tarde sería algo así como el concepto de LAN parties privadas, que se repetirían incesantemente hasta pasar a Las Insólitas y pudieran darle vida a su Frankenstein personal. Aunque siempre fueron más bien raves privados con todos sus cuates. El lugar como no podía ser de otra forma: la casa de Macareno, en la mejor representación del club de Tobi y redecorado con botellas de "Cazadores", buena yerba, unos monitores mamalones, las respectivas esposas de los invitados (o sea las laptops de cada quien) y también, de vez en cuando, una o varias mujeres de increíbles proporciones geométricas y harto saludables.

F y H utilizan este lugar sagrado para lo que yo llamaría retiros espirituales, los cuales no se dejarán de hacer por lo menos en siete años más.

Macareno no tendrá como muchos, el trabajo de desaprender las inmundicias que se aprenden en las escuelas, sencillamente porque le vale madre aprendérselas y porque ninguna escuela tiene los anticuerpos suficientes para aguantar una epidemia como él. En cambio, siempre está cerca de su adorada Monster Lap, del foro de "Overclockers" y bastantes estimulantes para radicalizar su rebelión contra cualquier aprendizaje que no le brinde una intensidad similar.

Cuando termina el 2006 a todos les falta edad y fuelle para andar tirando código en donde sea, pero la experiencia en las orgías de Macareno son por el momento aptas, para no andar masticando a los muertos en sus tumbas. Aunque esto igual no es suficiente, y F por puritios huevos aplica para una posición de "Senior Security Information Consultant Commander in Chief Supreme Chancellor", o una mamada del estilo; evidentemente lo mandan a freír espárragos. "Niño tu todavía hueles a chis, lárgate". F, H y Macareno se inyectan de Reverse Engineering, Scripting, algo de Networking, y Software Engineering adicionales a las enseñadas en las aulas, cosas que un infante puede aprender cuando da sus primeros pasitos.

Pero no es lo mismo aprender a manejar en un patín del diablo, que en un coche de verdad. Y para tenerlo se necesita de dinero, así que F decide que ya es momento de empezar a tener historial delictivo. Luego de trabajar en una panadería en calidad de "pinche", junta 500 pesitos para comprar una hermosa tarjeta Atheros, cuya principal habilidad es ser manipulada fácilmente hacia el modo promiscuo.

"Un corazón roto: Así es como nacemos los supervillanos".

P expelió esta ampona frase un día.

La mujer, innegablemente de eso se trata el mundo. Solo que a veces estar enculado con alguna es muy peligroso. Un pinche mazazo hagan de cuenta. Y ni modo, te dan ganas hasta de desaguar. Pero si una de ellas se encuentra "enculada" contigo, irónicamente resulta ser más peligroso todavía.

F, H, P y Macareno (A.K.A Lunático, Canuto, Colagusano y Cornamenta) (sin R otra vez porque se la vivía encerrado en "estados de contemplación superlativa", más que todos los demás) como buenos empresarios, dilucidaron un espacio de oportunidad una vez iniciados en el camino de la lujuria en el bit. Las lindas señoritas sabían que podían invocarlos, de vez en cuando, en sus respectivas tablas *ouija*, para actuar como espíritus del *OutWorld* y les corrieran la cortina, dentro de los íntimos anales de la consciencia de su enamorado.

- "Mi nombre es Legión" —le respondió F indiferente— pero para ti mi reina soy *Malignus, princeps potestatis aeris*. Soy uno de aquéllos que rondan y miran *queaerens quem devoret*. Para tu suerte lo que queremos devorar, son por lo general infieles. No "infielas". Sin embargo, en tu lugar no extraería conclusiones demasiado rápidas ni demasiado profundas.

- Y entonces… ¿me podrías ayudar?

- Posible, posible —le aseguró H tajante—. Quédate ahí donde estás. Limita tu actividad al mínimo y te concederé seguir sana y

36

sobre todo oculta. *Parole d'honneur*. ¿Has entendido lo que he dicho, princesa? Lo único que te es lícito mover por lo pronto son los párpados y las órbitas de los ojos. Te permito también aspirar y espirar con precaución.

- Pero yo lo único que quiero es…

- La monserga no está permitida –interrumpió Macareno abruptamente -- Guarda silencio y no te muevas, como si tu vida dependiera de ello. Porque, de hecho, depende…

- ¿Esto —señaló a la Monster Lap de Macareno— se supone que es su herramienta? ¿Una herramienta para delatar infieles?

- Lo adivinaste princesa –dijo P.

- Y me imagino que la usan para escabullirse en lo más hondo de su tinaco, en las memorias que ni la víctima en cuestión conoce – dijo ella, mofándose un poco.

- Eso también me lo has quitado de los labios. —responde Macareno.

- Entonces siendo así, permítanme ofrendarles al idiota en cuestión.

- Te escuchamos.

- Si les confío esto que me pasa es para que se vayan dando cuenta de lo desesperada que es mi posición, pero no quiero que piensen mal de mí. Yo no soy una víbora, no me interesa perversear con nadie. Lo que pasa es que él y yo estamos pasando una etapa difícil…creo… quiero suponer que ya ni hay tiempo a veces o incluso ganas de vernos, y menos cuando el muy patán me pone de pretexto que está lleno de trabajo. Yo estoy segura de que hay algo más, una amante o varias por ahí. Y me duele, no saben. ¿Cuántas veces va una de pendeja a creer, así nada más por desinformación, por falta de agudeza, de observación, que encontramos a una persona que vale? Porque claro queremos que nos entiendan. Y tanto lo quiero yo, que paso por alto sus chingaderas. Me gusta el wey, me mira bonito, me dice cosas lindas y tómala, caigo cual estúpida. ¡¡¿Por qué?!! Le ayudo a que me mienta; ya le entregué todita mi florecita, cuando el imbécil no ha hecho ni el menor esfuerzo. No se vale y todo porque me faltaron los ovarios suficientes para amachinarme. Por supuesto, uno quiere el gran romance tipo Cenicienta, la pareja ideal, todo arreglado por nuestra Hada Madrina. Nada de eso me va a llegar. Así que por favor ayúdenme. Destrúyanlo, háganlo pedazos, deseo verlo yo misma, quiero que le zanjen las criadillas, quiero merendarme su carroña, yo se los pago sin duda…de la forma que ustedes gusten…y manden.

No sé por qué hay un tipo de mujer que prefiere a los hombres que no saben tratarla; siempre existe una manera segura de mantener a raya a esa bomba de estrógenos, que danza en su interior, lista para aniquilarte a la menor equivocación. Nunca debes culpar a una mujer por tratar de manipularte o despedazarte, pues la culpa de ello estriba en su educación recibida durante la niñez: desde chiquitas las enseñan a jugar con muñecos.

Como sea, el verdadero triunfo de nuestros adversarios, (en este caso el de ella), es lograr quedarse instalados en nuestra mente, de forma que nos aterrorice.

- Ojalá Juan Carlos haya hecho un respaldo de su disco duro. Y, se sepa otra contraseña diferente a "NoTu3r3sElMirrey1987" — musitó F.

- Después de 2 semanas sin saber de ustedes pensé que ya no iban a ayudarme.

- ¿No pensarías —sonrió F con altivez— que te iba a dejar morir?

- Yo misma lo vi y no creía su estado de locura agraviada. Creo que le va a dar una embolia en cualquier momento – respondió la feliz princesa.

- Bravo, my Lady! – exclamó H.

- *Medice, cura te ipsum* –agregó F.

- ¿Cómo dices que nos vas a pagar? Aceptamos todos los tipos de tarjetas y pieles tersas –preguntó P.

- Ustedes son el diablo – añadió la reina.

- Eso quisiéramos – concluyó Macareno.

La mujer, chavales, innegablemente de eso se trata el mundo.

******

La Madre Terrible surge de la inquietud, del ardor y del terror
que el individuo siente dentro de su ser
y ante el misterio de lo incógnito.
Madre Terrible,
siempre tomas la forma de un monstruo
o de una quimera,
que nos libera de espectros, fantasmas,
brujas y vampiros en nuestros sueños y pesadillas.
Estas figuras horripilantes subrayan la dimensión
oscura e insondable de la vida
y de la psique humana,
así como el mundo, la vida,
la naturaleza y el alma
sintieron las fuerzas benévolas de la Madre Buena
en forma de alimentación, amparo y vehemencia.
Lo opuesto ocurre contigo;
con la efigie de la Madre Terrible,
con la hiel de la divinidad de la flama del espíritu.

Segunda invocación a la Madre Terrible. (Aconsejamos al lector de abstenerse a mirar el fulgor de su indomable rostro, por más de cinco segundos, sin unos lentes "Valentino" hechos en Milán, Italia, que los cubran de su luminosidad).

Ya con una Alienware, varias tarjetas promiscuas y dos tres tunneadas a sus dildos informáticos, F se vuelve elegible para un trabajo de becario como "diseccionador de códigos maliciosos", durante el invierno de 2006, y aunque a todas luces al niño ya le urge coger, muy pronto se da cuenta que apenas y puede mear como la gente decente. No tarda en ser reclutado, pero como a esos cabrones de "TecXXI" lo que menos les falta es un chaval calenturiento, su primer trabajo no es ser precisamente un eminente cazador de malware, vaya ni siquiera el "sidekick" de alguno. Se convierte en la sexy secretaria de todos ahí en la empresa. Al menos, de vez en cuando va a "rascacariciarse" con algún miembro (no un miembro *per se* quiero suponer) del team y en ese momento comienza a seducirlo, para imitar sus técnicas en "ethical hacking" y cibercrimen, que pal caso son lo mismo.

En este cachondeo, F como secre se mira a sí mismo cual Dennis Ritchie y eso ya es más que suficiente. Siendo secretaria, su trabajo más importante es abrir Microsoft Word y calentarles el café a todos por la mañana, poner el ambiente de DJ en la oficina o salir a pistear de vez en cuando con los profesionales, que hasta el momento admira medianamente.

Un día F decide que es imposible seguir de esa forma, aunque solamente sea un trabajo de becario y se retira. El resultado es que el adolescente F pasa al año 2007, sin trabajo y lo peor, sin una sola novia. "La estadística es la ciencia que demuestra que si mi vecino tiene dos viejas y yo ninguna, los dos tenemos una" se autoconsuela. Por lo menos se puso bien mamado del brazo derecho, si ustedes me entienden y me permiten detallar. En medio de ese forzado celibato, solo queda una opción digna de seguir como hasta ese momento: la casa de Macareno y las siempre bienvenidas orgías binarias.

*****

Según la vieja guardia, la diferencia entre los viejos y nuevos hackers es garrafal. En la "Old School" dicen ellos, tenían un claro "pool" de valores inspirados en las palabras "creación", "libertad" y "difusión". Por otro lado, la "new age" simplemente hace todo lo contrario: "destruir", "esclavizar", y "ocultar".

La vieja guardia adoraba volverse uno solo con sus sistemas; es decir, que esas cajas llenas de cables y electricidad, fueran una extensión misma de sus piernas, sus brazos o incluso su cabeza. Pero los otros individuos aman los ordenadores porque les otorgan poder, muchas veces por encima de millones de personas.

Unos mejoran, aconsejan y embellecen; los segundos, explotan, manipulan y horrorizan.

La nueva guardia, por así decirlo, hackea por dinero y/o estatus. Divas informáticas esperando a un hombre que les invite un cognac para separarles las piernas.

Los primeros eran considerados hechiceros, verdaderos Jedis Digitales (¡¡prepucios de hipopótamo!! ¡Cómo me gusta esa denominación!) pero los nuevos son terroristas que simplemente vandalizan.

Sinceramente a la vieja guardia no le falta razón, en parte, pero yo parcialmente los califico de incompletos, igual que a algunos abuelos o chavorucos, cuando expresan que el tiempo pasado siempre fue mejor.

Para ser honesto y habiendo leído ya diversos textos, relacionados con estos tópicos tenebrosos, y por supuesto disfrutando de cerca las pseudo-hazañas de cinco gaznápidos, cuyo grupo bauticé personalmente, y sin ser merecedor de proclamarme un experto en materia (menos aun regurgitándoles a ustedes querido público, mis bocetos hechos en medio de borracheras y desviaciones carnavalescas) no alcanzo a distinguir la verdadera divergencia entre las guardias, más que en algunas "cuestiones de forma".

Para mí, ambos bandos comparten la misma necedad de rebelión, problemas de autoridad, ansias de saciar su sed de sangre y el inconfundible olor a cadáver que despendren sus inmundas mentes.

Realmente la única diferencia es de espacio-tiempo. Mientras en los 60's cuando el movimiento hacker iniciaba, su única dedicación hasta entonces, eran ser unos hippiosos radicalizando contra la Guerra de Vietnam o el opresivo sistema capitalista, pero careciendo fundamentalmente de un alcance global inmediato(o un entorno mediático que les proveyera de carísima difusión); ahora, en discrepancia, su dedicación radica en ser unos "millenials[2]" (con todo y lo que implica ese sobrenombre) que organizan campañas de canvassing por toda la red, para "luchar" contra grupos como el Daesh y los gobiernos autoritarios, pero claro…claro, muchos desde la comodidad de su pedorreado sofá.

Por otra parte, algunos antropólogos de renombre y sociólogos que han tratado el tema de la cultura hacker, comentan que la diferencia radica en una simple palabra: Ética. La Ética distingue al verdadero hacker, del criminal. De hecho, y desconociendo la fuente original o si es verdadero (realmente me valen diez mil hectáreas de popo de mula saberlo) existen algunos puntos conformados como parte de esa Ética, la cual ha sido pregonada (también prostituida hasta el cansancio), a lo largo y ancho de las redes:

1. El acceso a los ordenadores y a todo lo que te pueda enseñar sobre cómo funciona el mundo debe ser ilimitado y total.

---

[2] Son nativos digitales. Se caracterizan por dominar la tecnología como una prolongación de su propio cuerpo. Casi todas sus relaciones básicas cotidianas están intermediadas por una pantalla. Para ellos, realidad y v-realidad son dos caras de la misma moneda.

2. No creas en la autoridad. Promueve la descentralización.
3. Toda la información debería ser libre.

Estos supuestos puntos creados por quien sabe quién, claramente no se pueden ajustar a ningún planteamiento diferencial entre las guardias. La verdad tampoco sé si se puedan incluir en alguna idea de Ética.

El punto más extendido y por el cual se han librado las batallas más sangrientas en la historia de la humanidad es el 3. "Toda información debería ser libre" de por si es el lema cuasi-adoptado de la cultura hacker. En el afán de cumplirlo, se han hecho titánicos esfuerzos de documentación, de enseñanza y de traducción de millares de proyectos por el bien de la comunidad y el conocimiento, pero, por otro lado, también tenemos los casos más grandes de copy-paste que haya visto el mundo: Wikileaks y Panama Papers (digo copy-paste porque al menos yo no he leído en ninguna parte que se haya perpetrado algo digno de ser mencionado como hackeo, nuevamente es mi parecer).

Aquí llegamos a una encrucijada peligrosísima, pues se intenta desenmascarar información privada, sin consentimiento de las partes involucradas. En este punto en particular, se ha añadido un pequeño "hack"(valga la redundancia), para prevenir el caos y la destrucción mundial (por la inminente liberación de documentos oficiales que expresen contundentemente el origen reptiliano de nuestros líderes internacionales): La información privada debe seguir siendo privada, a no ser que tenga interés público. Y es en este equilibrio de fuerzas, entre lo que en apariencia puede liberarse o no, donde destaca el verdadero hacker, aquel que jamás revelaría un secreto, si su paranoia en cuestión se lo dictase.

Ya así lo expuso The Mentor:

"No comentes con nadie, a menos que sea de total confianza, tus hazañas. (Los más grandes hackers de la historia han sido cazados debido a las confesiones de sus novias)

Cuando hables en bb's o por internet, procura ser lo más discreto posible. Todo lo que digas quedará almacenado.

Se paranoico. Una da las características principales de los mejores hackers es la paranoia.

No dejes ningún dato que pueda relacionarse contigo, en los ordenadores que hackees. Y si es posible, ni siquiera firmes".

Desde mi punto de vista, si estas sentencias, en verdad forman parte de las bases de la cultura hacker, son una burla garrafal. Es muy fácil creernos las cosas en el momento que más nos convienen. Toda información es libre ¿o no? ¿Quién decide y bajo qué argumentos dar a conocer información sobre algo o alguien? ¿Quién está (o se siente) capacitado para efectuar tales disertaciones? Las justificaciones no legitiman a nadie, aunque a algunos los libran de pagar consecuencias.

Este tipo de estudios antropológicos y presumidas vertientes de Ética encumbradas en el nombre de los hackers, se me figuran redactadas por "eruditos" tipo Cantinflas (con todo y su singular dialéctica "no soy su novio, soy su detalle"), los cuales pulcramente sentados en sus pupitres califican los actos de las personas, sin haberse enfrentado nunca a una batalla real. Bendita sea la contradicción, defensora natural de los acomplejados.

Siguiendo con el fuego a discreción, eso del "ethical hacking" sospecho es solo es un invento marketinero-coporativo que vende certificaciones por mayoreo para adjudicarte un título agringado y sobreestimado hasta el orto. No existen los hackers éticos hasta donde yo sé, mucho menos una "Ética hacker". Al menos no de forma masiva. Basta con que un "sombrero blanco" tenga un mal día, una gran decepción amorosa, una necesidad de retribución económica insaciable y entonces...tu vida se arruina.

Al final de todo, si optamos por ponerles un nombre, tal vez la vieja guardia, al iniciar con todo el movimiento mediante idílicos conceptos de libertad y amor, podrían catalogarse como los inocentes "White Hats"; y los segundos, ya adolescentes mal portados (con pelicanos en el puerto), consumidores de tachas y etanol del 96% de grado cosmético, serían los "Black Hats". Lo dejaremos así, porque me place. Ni modo así es esto de las gelatinas. Unas cuajan, otras no.

Sinceramente la dicotomía del sombrero-blanco-sombrero-negro es viejísima, añeja y es imposible que se ajuste a nuestra época. Ha dejado de existir.

Volviendo de bote pronto al relato original, para mí, nuestros héroes tendrían una denominación muy especial, que afortunadamente todavía incluye sombreros para no perder la tradición, (trayendo a colación la historia de Alicia en el País de las Maravillas): Los "increíbles Mad Hatters". Mejor solo Mad Hatta's para que suene exquisito. Así jamás se perderán otra vez, en saber si son blancos o negros, grises o color rosita fresita, ni se van a pelear por ningún bando en absoluto.

(Aclaro, la denominación de origen, igual que el agave tequilana weber azul, únicamente puede aplicar a ellos y a nadie más. Si te venden otros Mad Hatta's no te están vendiendo el tequila de verdad. Toma tus precauciones).

*****

Lo de ir a Cuba se había ido pontificiamente al carajo para mis queridos F y H. Incluso fueron a ver a unos lancheros de Quintana Roo que vivían en Tlalnepantla, para que los pudieran meter de contrabando en un barco carguero con destino a Baraguá. Pero más tarde, a los lancheros se les abrió el cutis, y decidieron que ya no los querían con ellos. Sin embargo el suertudote de P, que amasó lana de sus domingos, si pudo ir a preñar harta Niurka y harta Liz Vega (como bien había sugerido Macareno) y de paso súper esplendido el muchacho, nos regaló un estuche repleto del verdadero tesoro de la Revolución (Cubana): Cohibas generosamente surtidos con gallos de todo tipo.

Pero en verdad les digo y sin temor a equivocarme, P trajo la salea, como se diría en el argot de la cacería, del gallo más variado y exótico, que ninguna de nuestras pitufas mentes pudo imaginar hasta el momento de probarlo. Un gallo que años después, me serviría de total "motivación", en la creación de mí ya aludido poema de *Las Insólitas*. [3]

En cambio para F, H, P, R y Macareno me atrevo a decir que dicha quintaesencia natural, les ayudaba a dibujar códigos en su mente que no podían explicar y fácilmente eran capaces de ver. Si de algo sirve ponerse bien "high", parece que es para incrementar el poder de los sentidos. Ya lo constató así, un día, el indio Juan Matus con Carlos Castañeda, y la ayuda de "mezcalito" fue crucial en sus relatos de poder y las formas ancestrales de conocimiento Yaqui. Aunque por supuesto, nosotros añadíamos otras clases de mezcalitos, cervezas y bebidas de todo tipo, mil y un formas de

---

[3] Ese texto que seguramente encontrarán en los anexos de este relato, habla (obviamente de una mujer) de la historia de un amor veraniego, inconcluso para mí al menos, de hace algunos ayeres, (como había más o menos adelantado anteriormente) y cuya protagonista es francamente real. Empero, una parte del título fue adoptado (al principio muy a huevo) para nombrar al famoso quinteto de Atizapán en el panorama underground, (muy underground) de México. Porque era ese nombre, o el "Consorcio de las Pu-tetas Puercas", no había más.

destrampe y demás excesos a la herencia Yaqui difundida como forma de expansión mental. Fuimos partícipes indirectos (pero no menos importantes) de su herencia milenaria.

Queridos lectores, si hasta este momento de la narración ustedes han pensado que lo único que hicieron F, P, H, R, Macareno y su autoganistofílica majestad durante su vida universitaria fue entregarse a la banalidad del alcohol, los menjurjes y las hembras; y notan que esto no tiene casi nada que ver con las típicas historias de superación personal, hermandad, hazañas hacking, o startups millonarios y demás temas relacionados, están muy en lo correcto. Sin embargo, igual que lobos de WallStreet, ese fue el camino trazado por la excelsitud del "Zen", hacia el particular éxito en el mundo geek...y en general. De hecho, sigue siendo el camino, con otras ruedas y ajustes exclusivamente. Prefieren (Preferimos) aguantar el calificativo de "¡¡Ayyy!! mira a esos pinches sinvergüenzas sin remedio" en lugar de "Mira a esos pinches farsantes".

Entonces, considerando a mi quinteto todos unos eruditos en las diversas clases de bajezas mundanas, los peores vicios sacrílegos quizá, y siendo yo el corresponsal autonombrado de este relato, tuve que instruirme arduamente, para volverme un genuino especialista de la cata y la masticación de las diversas y delicadas preparaciones, ofertadas en las legendarias reuniones celebradas con Macareno.

Es menester que revisen con detenimiento estos pequeños extractos de diálogos elegidos por su redactor aleatoriamente, y contemplen el nivel de erudición mostrada en un simple y modesto aquelarre de "fumación" cualquiera. Porque además es muy cierto que uno realmente no conoce a una persona, (ni de lo que es capaz de hacer), hasta que no se va de parranda con ella. Y verdaderamente, quiero dejar muy claro: había que conocerlos a toda costa...

Ustedes serán capaces de deducir entonces, la enorme importancia e influencia de estas celebraciones en el futuro personal (y hasta profesional), de cada uno, y comprenderán las vicisitudes de las que fuimos siempre presas en estos cónclaves extremos de puerilidad.

(Fin de semana random en la casa de Macareno, con el tesoro cubano en nuestras hookahs)

F: Mira carnal prueba, ésta se ve que no es sativa al 100, pero sí es dominante. Es buena para fumarse de día porque no te "bajonea". Está sabrosa y sentenciosa. El 90 por ciento de la mota tiene que ver con su genética, el otro 10 por ciento con cómo la crecen y el otro 10 con cómo la curas. O sea, el secado es una parte muy importante, incluso se puede echar a perder si no se hace bien. Sí está buena. Muy buen pedo. A mí me encanta esta variedad cubana y esta consistencia, como bien "rapada" pero respetada para que conserve bien lo máximo.

(Por si las complicadas operaciones los marearon, la suma da 110 por ciento. F está en otro nivel).

P: Ésta si es full sativa, me cae de madre. Tiene 99.6 por ciento de THC. Lo inventó un tipo que se hace llamar BC Bubbleman en British Columbia, en Canadá. Fue el primero que le sacó el 99.6 de THC a la planta. Éste viene de San Francisco. Mi ciudad natal (ajá). Es legal allá. Está refinada. Está rica. Porque en general, lo que hay en el mercado cubano es como "butanoso". Esto no. Yo le pongo diez, porque te pone hasta el huevo, pero te levanta por ser sativa; no te tira. Está cabrón eso y es un sabor muy muy intenso.

(La precisión en los porcentajes es extraordinaria. Digna de toda una calculadora de bolsillo).

R: Ésta seguro la hicieron en Chalmita, ahí en la montaña. Le hablaban bonito y toda la onda. Ayer recién la probé en la noche y sí está bien ceremonial. Está más calle, sí dices: "¡Ah no mames! No seas mamón, ¿qué pedo con esto?" Está más como pueblo mágico. Está más salvaje. Como que tiene su estilo. Es puro huarachazo. El huarache mortal te pone una putiza. Chalma style. Sabe a la secundaria, ¿o no Macareno? Está loco este toquecito. No es mamada, ve cómo se me pusieron los ojos. Está muy orgánica, aunque a la vista es fea. Está más ceremonial. Ahorita hasta tengo taquicardia wey. Sí, es ceremonial. Es un pedo más espiritual. Las otras están muy hipsters. Pero ésta si me dejó sopladón. Ando mega esotérico ahorita.

(Ya le habían dicho al menos cinco veces que era cosecha cubana. Sin comentarios).

H: Es como muy natural. Yerba-yerba totalmente. Las demás son transgénicos, con diferentes sabores. Una mota doméstica logra verse increíble, pero en exterior, expuesta al sol y sin maceta, se hacen unas motas muy buenas. Ésta me hace recordar mi infancia. También tiene un toquecito cítrico por ahí. Tiene buen sabor y es un "high" agradable. El sabor. Sí, me siento como en el "Vive Latino" ahora mismo.

(La "neostalgia" de H provocada por el sueño de una Yerba-yerba un segundo antes de despertar).

Macareno: ¡¡P la tierra te reclama!!, esta mata es buenísima. Además es tan práctica que sí le estás dando y dando, sí terminas como Dios manda. Hasta te das el aferrado antes de dormir. Es hasta elegante porque no entras con el hornazo al cuarto, ¿no? Está muy civilizada, excelente. Es como una Caipiriña: te pone más playero. No apesta, no está entonada, para que mi vieja no me la haga de pedo con que si estuve fumando y la madre. Puedes fumártela en cualquier situación y en cualquier lugar. Hasta en una cena familiar con los suegros. Está súper banquetera y bastante cumplidora.

(El que tiene látigo, adora lo prohibido cuando no lo zarandean).

Nota.- Cuando alguien amablemente, les pregunte si tienen algún problema en que fume mientras ustedes comen, respóndanle si tiene algún problema en que vomiten mientras él fuma.

Y bueno, qué puedo decir consecuentemente de aquellas pláticas parranderas y joviales, brutalmente elevadas, llevadas a cabo con tal maestría y con un sutil y fino lenguaje, emergido desde los distritos más floridos de Naucalpan, Azcapotzalco, y Cuautitlán Izcalli cuya influencia, sin lugar a dudas se liga estrechamente con los clásicos Diálogos de Platón, (de los que se volvieron sus custodios más representativos), y que fácilmente nos pueden hacer recordar las máximas más celebres de Kant, Hegel y hasta Kierkegaard. Diálogos con los cuales enamoraron a sus devotos y derrotaron a sus fustigadores, porque demostraron que un discurso elegante (o una pelea de perros) se convierte en verborrea si este carece de estilo, aunque se empape el tuétano de razón.

Mi investigación exhaustiva de la historia personal de cada miembro de la tropa, me indicó que ya desde muy tierna edad, eran depositarios de monumentales frases de erudición mexicana tales como: Entre Melón y Melames celebraron las fiestas patrias, Melón inauguró el monumento a Zapata y Melames el coloso del Bicentenario. O una más *ad hoc* para los puritanos: Entre Melón y Melames crearon Twitter. Melón diseñó la página y Melames el pajarito.

F: Los naucalpenses no cabemos en el alfabeto pues sabemos utilizar las palabras y reutilizar el espacio sideral; más allá de sus limitaciones oficiales. Nosotros, desde tiempo atrás, aprendimos a distinguir bien entre el lenguaje formal, y el habla "barrial" que expresa la verdad de todo en absoluto: a pesar de esta definición un tanto malora de lo que es un naucalpense, todavía hay quienes se me ponen de pechito y me llegan a preguntar que en qué calle es dónde despachan las enchiladas estilo Saltillo (que se comen con una tortilla en la mano, y el chile en el occipucio) o dónde se podrían ellos acomodar mejor, para saborear sus setecientas venas.

P: Con nuestras primeras incursiones delictivas en Internet cuando la calentura contagia a los chavos con el Síndrome de Peter Pan (todo el día con la campanita en la mano) almidonando la trusa, o cuando algunas chavas no adquieren el sexto sentido, luego de perder el quinto, las personas llegan a entender que nuestro "trabajo" de "merodeadores" no es para intercambiar el "nalguinaldo" por un "regalote", como en las fiestas decembrinas. Hicimos del oficio del stalker la carta de presentación, de quienes han asimilado a traer siempre en chinga a su angelito de la guarda.

R: Nosotros aprendimos a llamarles a las cosas por su nombre y otros a querer darles "expresiones menos agresivas"; si vas a serle infiel a tu novio y luego quieres que lo delatemos por ti en Facebook, te llamamos puta. No propiciamos que de la mojigatería surja la alcahuetería, que otros confunden con la putería. Para quienes se preguntan: ¿por qué algunas mujeres nunca le dan explicaciones a los hombres, de ninguna de las infidelidades que cometen? La respuesta: ellas disimulan no darlas, para que no las traicione el inconsciente, pero, se descaran cuando las traiciona el culo. Por eso te digo, de la casa de Macareno, es mejor salir algo sobresaltados que muy sobrecogidos.

Macareno: Nuestras hazañas con las chicas hacen reír a los castos, otras hacen pensar a los eruditos, y otras balconean a los que presumen de muy huevudos, pero que, en realidad, tienen las manos chicas. Así que, si hubiera retadores (que al parecer en la universidad, al menos no los tenemos) hasta les podemos jugar un volado "de a su raya contra lo que me sobra". Y si en este boxeo o esgrima "binario" nos lanzan un recto: lo cabeceamos, nomás lo cabeceamos duro y puro, hasta cruzarlo.

H: Si a los niños los enseñaran a hablar y a blandir el hacha igualito que a nosotros, seríamos una potencia en matemáticas y ciencias exactas, pues faltan dinámicas que los hagan pensar, porque la tele los indigesta con quesadillas de miedo, fomentando que olviden el uso de la memoria contenida en sus discos duros. Nosotros no consumimos ningún tipo de fayuca cultural. Aquí la banda somos nosotros. Aquí la banda rifa, controla y viola.

Me gustan por espontáneos. Parecen gente bien, buenos estudiantes si les preguntan a sus profesores (excepto Macareno), nadie diría que son unos locos, que tienen delirios (un poco zafados) de grandeza y que a veces… dan las nalgas por mujeres conflictivas.

¡¡Unicornios masturbados!! Siguiendo con el tema "mujeril" llegó el momento de contarles en esta hora solemne, cómo Macareno y P ejemplificaron perfectamente el papel de conejitos, en una fábula reescrita por su anofelorastia-luciferina majestad titulada "Los conejitos" (nombre en extremo original), siendo mi culpa debo agregar, que hayan desempeñado ese papel.

Ya adelantaba un poco, el trato que hasta entonces mi quinteto llevaba con las féminas, puramente de negocios y conveniencia, sin embargo para efectos morbosos del relato, vamos a ponerlos del lado anverso de la moneda y contarles su caída (y resurrección) en las fauces de unas mujeres que, habiéndoles advertido de sus telarañas, simplemente las ignoraron y al final aprendieron (aprendimos todos) una valiosa lección, (a la mala): Jalan más un par de tetas, que un chinguero de carretas… mmm aunque después de todo creo que en realidad fue: más vale una zorra sucia que dos pajas mal hechas, o mejor dicho: lo que no puedas acabar con el rabo termínalo con la lengua… la verdad es que ya ni sé qué aprendimos; fueron tantas, tantísimas invaluables lecciones de vida, que es imposible para mi recordarlas todas.

Sin embargo, muy especialmente, ustedes sabrán a continuación a lo que se atienen, cuando aparecen algunos ponderados "hackers" de por medio, en sus cuentos de fantasía…

Ahora bien, si los desentendidos, me prestan su atención, he aquí mi dichosa fábula (con moraleja incluida), que servirá de prefacio a disfrutar mucho de las cuitas de los jóvenes P y Macareno:

Los conejitos

Había una vez un conejito blanco, muy blanco, tan blanco como la nieve y puro, muy puro, tan puro y casto como yo, su narrador.

Un día conoció a una conejita blanca, muy blanca, completamente blanca como la nieve y pura, muy pura, ponderadamente pura y casta como yo, su narrador.

Los conejitos se enamoraron y contrajeron nupcias. Eran muy felices. Tuvieron una enorme familia de conejitos blancos (pues claro, eran conejos a final de cuentas) muy blancos y puros (como yo). Un día la conejita estaba ~~seduciendo al conejito con sus artilugios de hembra~~ acariciando a su esposo conejito cuando de repente, le descubre una manchita negra en forma de triangulito, justo atrás de su orejita. La conejita súper indignada, le arma una escena: "¡¡Me has engañado cobarde mujeriego!! tú no eres totalmente blanco y puro (como el redactor de la fábula) ¡¡ ya no te quiero!! ¡¡agarra tus chivas, lárgate de la casa y no vuelvas nunca!!"

El pobre conejito blanco se puso bien triste y acongojado, al ver que su esposa lo rechazaba solamente por tener un triangulito de pelos ennegrecidos detrás de la orejita. Deshecho y con el corazón destrozado, hizo lo más lógico del mundo al sufrir una ruptura amorosa: se fue directo a una carnicería y cuando vio que el machete se perfilaba para cortar un bistec Sirloin Premium, puso la cabecita y lo degollaron. Mucha sangre y vísceras por doquier. Sangre, yo huelo sangre. Cuando el carnicero se dispuso a limpiar la cabeza del conejito, para no desperdiciarla y hacerse un estofado, se pudo constatar que el triangulito negro detrás de su orejita, no era más que una mancha de lodo, que se quitaba con un poco de saliva. Pero el conejito blanco ya había perdido su cabecita, y la bruja de su esposa coneja se fue a cobrar toda la lana del seguro por fallecimiento. Fin.

¿Cuál es la moraleja de esta historia? (Una de ellas).

Nunca, jamás, en tu vida, pierdas la cabeza por un triangulito de pelos negros.

"¿Quiénes son esas meninas que te acompañan?" Me preguntaba Macareno mientras noté que baboseaba como bulldog viendo un pedazo de carne cruda a través de un vidrio de refrigerador. "¿Te vas a poner la del "Puebla" "cabroncito"? ¿O te vas a poner tus moños mal amigo?" Me inquiría P, justo cuando llegué escoltado de dos amigas que… francamente no gozaban de una muy buena reputación social y adicionalmente sabía, eran guardianas de una moral soberanamente etérea.

Descripción física moldeada con testosterona: Curvas y elipses, 1.75m de estatura, epidermis nívea, olor a jaboncito de bebé y por encima de todo, muy buenos sentimientos (lo más importante a los ojos de un hombre). Siglos de evolución forjaron unas máquinas naturales y perfectas, cuyo propósito primordial consistía en cazar órganos (y aprovecharse de ellos). "Respiro para que las gatas se molesten conmigo y me visto para causar erecciones cuando camino" (su slogan de presentación). Incluso, ellas mismas se regocijaban un poco de ostentar tremendo título iniciado con la decimotercera consonante del alfabeto español, y se consideraban a sí mismas como devoradoras de varones, frías, calculadoras e inhumanas. Realmente, todas unas expertas en el arte del capricho, el engaño y el teatro. Jamás se saciarán, jamás dormirán y jamás podrás detenerlas.

- ¿Ya se dieron cuenta con quien vengo verdad? —Musité. ¿Ven? Pues miren estas son unas amigas mías que les apodan "La Rubiola" y "La Espermatosa".

- A caray y... ¿de dónde son esas o qué? – indagó Macareno.

- ¿A poco no habías oído hablar de ellas? Mira nada más, son unas niñas bastante populares en la universidad, estimadísimo. la Rubiola fue el año pasado reina de la Primavera, ¿qué no lees las gacetas? Hasta hubo un desfile con carros alegóricos y ella se vistió de "Wonder Woman", haciendo saltar la pupila (y otras cosas) de cuanto macho cabrío había en la plaza.

- Bueno, bueno y yo qué voy a andar enterándome de eso, cómo voy a saber carajo –escupía Macareno.

- En cuanto a mi otra amiga... es hija de un político "medianón" y estudia Licenciatura de... algo, antes había estado en una prepa de monjas. Ya te imaginarás... la niña quiere copiar el modelo de "piruja de alta escuela y a la vez hijita de papi"... Por cierto, vine a invitarlos a "La Cuchillera", hoy es tarde de "pedos de Gorila" y...ah...ahí van a estar ellas, seguro quieren que se las presente ¿no?

- Fuiiiiiitt (chiflido denotando afirmación) – contestó P.

- Ahora si vas a verme como halcón cazando liebres en pradera, carnal – presumió Macareno.

- Pero a ver, ¿qué tú no tienes novia mandilón? Además yo solo se las quiero presentar en plan de amigos, la verdad no les recomiendo mucho que se las liguen, son un poco...

- ¿Ya vas a empezar con tus joterías? —me interrumpió P bruscamente—Nosotros somos hombres libres, como el viento, ¿o no Macareno?

\-   ¿Tengo novia? ¿Sara? ¿Cuál Sara? O ¿qué dijiste? Yo no conozco a ninguna Sara, creo que te estas confundiendo camarada – contestó un sarcástico Macareno, negando a la novia en ese momento, antes de que el gallo cantara siete veces.

Supe desde hace mucho que *to fall*, es una traducción al idioma inglés del verbo caer. *To fall in love* significa enamorarse o estar enamorado, pero curiosamente utiliza la palabra caer en el idioma anglosajón, lo cual me lleva a concluir que antes, durante y después de enamorarnos, en realidad involucramos una caída. El inglés tiene ese verbo criminal, que es una clara advertencia para todo aquel que decida embarcarse en una aventura amorosa. Porque sinceramente caemos muy profundo, y a veces por mucho tiempo. En el mismo tango podríamos considerar aquellas parejas que de verdad creen en su enamoramiento, y que su amor se renueva incesantemente, al probar nuevas fantasías con su amad@. Lo que no entienden es que, siguen sin gustarse (o enamorarse); a él sin lugar a dudas le gusta la enfermera y a ella el bombero.

Considero que no son las fantasías, ni los besos, los abrazos o las palabras dulces, sino los pedos y los eructos, la clara prueba de que en una pareja existe el amor.

Macareno y P hicieron de todo por conquistar a la Espermatosa y a la Rubiola, obvio. Estaban enculadísimos (aunque lo negaran) desde el momento de presentárselas y al final terminaron por andar con ellas, respectivamente. A los dos no les importó en absoluto, el amplio historial de las dos jovenzuelas y peor aún, la fama que habían adquirido con el paso del tiempo.

Incluso recuerdo una noche en un bar llamado "El Hijo del Cuervo" en Coyoacán, cuando Macareno le tiró el calzón por primera vez a la Espermatosa, en plan de querer algo más serio. Ella, y a pesar del tremendo faje de Macareno presenciado por todos los presentes, le contestó de una manera muy sincera (sinceridad causada por el sabor del tequila imagino) a sabiendas de con quién se estaba metiendo mi "pobre" amigo. Le decía: "Amor (si, en serio, "amor") no te convengo, soy puta puta de corazón, de glándulas a flor de clítoris, me da lo mismo si ahorita viene el mesero y me empieza a toquetear. Te voy a engañar y no vas a poder soportarlo". Y un monito "equis" a mi lado, asentía con la cabeza a cuanta palabra escuchaba, mientras me decía: "Es cierto lo que dice esa mujer, me consta que ni calzones se pone y es devoradora de sexo escabroso".

Otra noche, en el antro BullDog de "Mixcoac", ya muy borracho yo, le hice prometer a P que no se iba a ensartar con esa mujer, La Rubiola. No, no eran celos de varón, simplemente estaba seguro (igual con Macareno) de que a mis polluelos les iban a arrancar el corazón con un escalpelo de obsidiana y tirárselos desde lo más alto de la Torre Latinoamericana. Me sentía algo culpable, al final de cuentas eran mis valedores y yo los induje al vicio mortal de la progesterona encarnada. P me dijo: "Aguanta la vara, no es pa' tanto, solamente quiero pasármela bien, echarme unos cuatro o cinco o diez "Palestinos" y ya". Porque además, el encanto de su enorme "Culiacán" se lo ponía bien "Durango" (no lo culpo) y en ese momento de embriaguez, me juró por el sagrado prepucio del espíritu santo y nuestra señora del dulce pubis, que no iba ser igual de mentecato (que Macareno) para andar con ella. En fin.

"Entonces chécate, estábamos en el hotel ¿no? En Acapulco y ya era de noche, le pregunté, ¿a dónde me vas a llevar? 'Va a venir P con tu amiga (La Rubiola)', pero así súper feliz y ansioso el wey ¿no? 'Si, le dije al P que se consiguiera unas colitas de chango y tengo hartas ganas de probarla con un ajo, ¿como ves? Rico ¿no?' cuando oí que se quería meter quien sabe qué, con ajos de no sé qué, le dije, 'No inventes ¿en serio?', 'Si, ¿por qué o cómo?' y que le armo un drama '¡¡Tú no me trajiste a Acapulco para venirte a poner como un pinche duende!! ya sabes que me caga, que estés de borracho y te andes metiendo esas cosas. De por si me cagan tus amiguetes esos, ¡¡pinches *frikis*!! ¡¡nada más se la pasan en el desmadre y cuando estamos solos vienes a hacer lo mismo que haces con ellos!!' y empecé a llorar 'No quiero que vayas, quiero que nos quedemos aquí los dos juntos' total que le hice un teatro como de mil quinientas ochenta y cinco horas y Macareno agarró y me dijo el muy imbécil 'Ok, si no quieres ir tú, no vayas, quédate aquí en el cuarto o salte a la playa, pero yo si tengo muchísimas ganas de ir' entonces que me encabrono y le digo 'Pues yo no voy', 'Pues no vayas' y que se la canto, 'Pues me regreso a México yo sola' y empecé a agarrar todas mis cosas y mi maleta 'Pues vete, ni modo, vete, vete qué le hacemos' me contestó el muy patán. Y ahí estaba viendo la tele súper quitado de la pena, ni me volteaba a ver y que le digo '¿De verdad te vale que me vaya?', 'Pues qué hago, te quieres ir a México solo porque no te gusta lo que vamos a hacer, no puedo detenerte' y seguía viendo la tele el ogt, y que le digo 'Escúchame bien, si me largo de este hotel en tu vida te vuelvo a dirigir la palabra' y ya estaba hecha un mar de lágrimas, pero el muy cerdo ni me contestaba nada, '¡¡En tu pinche vida te vuelvo a hablar!!', 'Ok, hecho' fue su respuesta. Puro gemido de plañidera traía y me salí ofendidísima con mi maletota y cuando iba por el lobby, el botones me dice 'Le ayudo con su equipaje señorita, ¿va a querer taxi?' entonces hazte de cuenta que sus palabras fueron un balde de agua helada y me dije 'No, no seas tonta, ¿de verdad te vas a largar?', y que me regreso, le toqué la puerta de la habitación y le grité '¡¡Macareno!!' y el animal me dejo ahí como 15 minutos, no sé si estaba cagando o qué carajos, porque no se escuchaba ni ruido, ni movimiento en el cuarto y cuando me abre que le reclamo ' ¿Por qué me dejas como idiota esperando pendejo?' y me contesta ' ¿A qué regresaste?' ' Pues regresé para que me pidas perdón, ¿tú crees que me voy a largar así?, y que suelta una carcajadota y se la empecé a mentar '¡¡Hijo de tu pinche madre!!.' pero en eso me interrumpió la llegada de P con mi amiga (la Rubiola) y P me pregunta, 'Oye ¿por qué estas toda roja, estabas llorando?' y mi amiga dijo 'Si nena, ¿qué onda se estaban peleando?' y los dos me vieron tan mal que le dijeron a Macareno que habláramos para solucionar lo que fuera que hubiera pasado. Y empezamos de nuevo el diálogo de idiotas que terminó en pleito y yo ya estaba hinchada de las lágrimas. En eso entra tu amigo P, y nos pregunta 'A ver ya es tardísimo, ¿qué chingados está pasando aquí?' ' ¿Cómo ves a esta chiflada? no me quiere dejar ir contigo, que porque no le gusta la fiesta (y se agarraba la nariz como si inhalara algo) como si fuera una pinche monja, ni quien se la crea' y que le digo '¡¡A mí no me hables así cabrón porque te voy a zumbar un madrazo en los huevos!!' pero mi amiga entró (la Rubiola) de repente y me zarandeó, entonces me saque de onda ¿no?, total que después de eso me dijo 'A ver ya por favor vamo' a calmarno', P, ¿cuál es el "issue"?', 'Es que se pelearon porque tu comadre no quiere dejar salir a mi amigo... por lo de los dulces que traigo amor', y que me dice mi amiga 'Bueno a ver, si tienes mucho miedo tú y yo nos tomamos una copa y listo', 'No es eso, es que yo no quiero que Macareno pruebe nada de esos "dulces"', '¡Bueno a ver ya basta! ¡Ya! te prometo que no me meto nada, te juro por todos los santos de tu pueblo que solamente iremos por unas cervezas al malecón y punto', y ya se acabó el pleito y nos fuimos ¿no? Pero entonces yo de estúpida que los pruebo, nada más le di dos fumadas a ese maldito cigarro, guardé el humo e inmediatamente comencé a marearme, a ver lucecitas y a reírme como vil pendeja. Macareno, P y hasta mi amiga (La Rubiola) se estaban cague y cague de la risa de mí y yo ahí de bruta nada más viéndolos. Y cuando ya se me bajó el efecto, Macareno me reclamó '¡¡Ves!! la que no quería que me metiera nada y la que acabó peor que todos, de veras que ahora si te portaste muy pendeja, en serio eres una pendeja monumental. No sé ni por qué ando contigo si hay un montón de mujeres con las que podría andar y no me armarían esos panchos pendejos que tú me armas. Pendeja pendeja.' y cuando me dijo eso hazte de cuenta que sentí que partieron mi corazoncito y me lo hicieron cachitos, pero así súper cruel ¿no? hasta sentí desvanecerme, y nada más recuerdo que empecé a chillar otra vez. Entonces me vio yo creo tan mal y tan humillada que me agarró del brazo, me alzó como Labrador con pedigree del cuello y me sentó en sus piernas, como si fuera yo un pinche muñeco de ventrílocuo 'Ya vieja, sabes que me encantas pero es que a veces te pasas de berrinchitos neta, ya bájale'. Bueno después de otras mil quinientas horas de drama, terminamos

63

haciéndolo en el sillón, y ya los dos muy contentos otra vez ¿no?, pero es que ¿sabes? te voy a confesar algo, pero ni se te ocurra decírselo o te mato, ¡te juro! Ese wey me trae de purititas nalgas, me hace como quiere, me dice lo que quiere, hace lo que se le antoja conmigo y ahí sigo yo de babosa atrás de él. No entiendo por qué, ¡¡por queeeé!! estoy tan enamorada de él, eso me hace sentir muy mal y más porque antes yo era la que traía a los hombres como calzoncitos de "wila". Yo sabía que ese hombre iba a ser mi jodido karma cuando me lo presentaste. Bueno… por lo menos no estoy sola en mi desazón, a mi amiga (la Rubiola) le sucede lo mismito con tu amigo P. Igualito. Si no es que peor, solo que según yo, ella le hace unos panchos más hermosos que los míos…¡¡Si si lo reconozco y qué!! ¡¡Hic!! (eructo leve sobre un tarro de cerveza como de dos litros). Pero bueno…ya ni cómo hacerle…"

Nota.- En este mundo no hay nada imposible, para quien sabe hacer un berrinche como Dios manda.

Nota2.- La fuerza del amor radica en la debilidad mental del enamorado en cuestión.

*****

"¿La carta astral de P y Macareno? Por supuesto que las conozco, muchas veces me incliné a revisar las cartas de todos mis pendejitos… ¿Si yo preveía? Por supuesto que preveía, por eso estuve muele y muele en impedir que se fueran a enfilar con esas mujeres. Lo que no sabía es que sería igual de funesto para ellas. Pero trata de que un hombre se atenga a razones cuando hay una mujer de por medio, y peor aún, si es un hombre que detrás del monitor se cree francotirador…hay un nivel muy alto de egocentrismo, el cual precisamente impide la acción del entendimiento y la conciencia. Cuando nació Macareno, tenía a Saturno dominando la constelación de Capriconio, en medio del cosmos. Este tipo de configuración es de lo más horrenda para las relaciones humanas; es la que corresponde a los matrimonios fracasados, a los amores que concluyen demasiado pronto, a las aventuras trágicas y frugales. Agrega a eso la Luna en cuarto creciente de P, que se erige sobre el signo de Libra, y abusa de su ascendente en Piscis, entonces destacamos su naturaleza dulce, femenina e imprevisible. Una conjunción muy "puñalesca", debo decir. Finalmente y solo señalando los rasgos más evidentes que saltan a la vista de cualquier astrólogo, con Macareno y P tenemos un agrupamiento en el cual se concentran Urano, Marte y Venus unidos bajo la casa de Géminis. Sin lugar a dudas este es un cielo que pesa demasiado. Si me preguntas, yo diría que sería como la carta astral del Joker, aunque sin tantos esteroides. Es el cielo de unos hombres bastante temerarios, locuaces, y si…de apariencia varonil [porque no le temo a los complejos del qué dirán] (macho alfa, lomo plateado, pelo en pecho, voz de espartano, miembro de "Adamantium") pero también de unos tipos que actúan por debajo de su escroto sin el menor reparo. Individuos brutales, necios, asaltados por sueños y secretos que les inspiran furores súbitos y criminales, incapaces de escuchar consejo, o de dominarse ante alguna situación que les parezca animal y atractiva. La osadía mezclada con veneno de cobra es su brebaje preferido, del mismo modo que otros prefieren una naranjada con sombrillita, aspiran a ello y nada les place más que contemplarse en un contexto mortífero. Así son Macareno y P. Y F y H y R. Y yo un poco, tal vez, lo reconozco…¡¡Ahhh!! veo que te gustó el vino que nos trajo "Transylvania", ella es mi *sommelier* y secretaria particular. Ucraniana inmigrante *if you know what I mean*. Creo que también te gustó mi sommelier. Vamos acércatele que no te de miedo. La próxima vez que tengas miedo de acercarte a una mujer muy hermosa, recuerda que es un monstruo. Su belleza extrema es tan aberrante como la más espantosa fealdad. También te gustó el carpacho supongo, no es el mejor pero sigue estando bueno. Y mi compañía, por supuesto mi compañía. Te aconsejo que siempre te fijes muy bien en la manera en la que comen tus prospectos; invariablemente sus modales serán los mismos al hacer el amor. Prueba este pastel de chocolate, yo lo hice. Es mi especialidad. Mis empleados ya me apodaron "El Merovingio" porque ese pastel ya ha provocado que más de una (y uno), se chorree en los calzones y quiera probar de nuevo esa delicia. Es afrodisiaco y aunque ciertamente no lo diseñé en algún lenguaje de programación, no sé cómo siempre me las arreglo para hacerlo tan bueno…Ahh… no niego que me produce cierta nostalgia contarte todo esto. Es una manía que viene con la edad. Memorias que se pisan, como la mierda de perro, y apestan igual, y cuesta que salgan igual, y solo salen con el tiempo y caminando, igual. Ya lo verás, uno mira atrás y dice "¿Cómo ya paso otro año? Qué rápido". Quizá porque te dedicas mucho tiempo a recordar, a revivir el tiempo…

¿Que cómo terminaron Macareno y P con esas mujeres? Pues ciertamente mal. Pero ¡¡por el amor de Satanás!! Jamás pensé que fueran ellos quienes decidieran ponerle fin a su tormentosa y enfermiza relación. Verás, siempre que se me preguntaba sobre lo sucedido en aquella aventura "cupídica", les decía que algún día escribiría una pequeña jácara o un chisme de bolsillo para inmortalizar esa historia de amor "chamorrera". Porque curiosamente el fin de sus relaciones tuvo un incipiente halo de descontrol total por parte de los implicados. ¿No me entiendes?… ¿Recuerdas cómo The Mentor llamaba a la prudencia cuando fueras un sombrerero y tuvieras novia? Bueno pues ese fue mayormente el meollo del problema…" *****

"Si no ardo yo, si no ardes tú, si no ardemos todos ¿Quién iluminará esta oscuridad?"

¡Oh, querido hermano!
Nada es esencial excepto la verdad

Kabir

Los movimientos sociales de la época moderna tienen su principal origen en la Europa Occidental de la última mitad del siglo XX. El movimiento estudiantil de mayo de 1968 en Paris, constituyó una gran fuerza que se articulaba en un frente común para luchar contra los poderes fácticos del momento. En aquel tiempo, el capitalismo y el sistema gubernamental eran el blanco primordial de dichas "revueltas". Sin embargo todo esto se adaptó conforme al contexto y los motivos de las protestas fueron cambiando de forma sustancial. Esencialmente, el auge de los medios de comunicación permitió que cada vez más personas, lograran interactuar entre sí, lo cual empezó a establecer una preocupación global común y una consciencia internacional, ante los problemas que se suscitaban en algún lugar específico del planeta.

Con ello, se promovió la lucha por distintos fundamentos y aunque los individuos implicados en el movimiento no estuvieran directamente presenciando el conflicto, son solidarios con la causa, se reúnen en una sola voz para pelear y todo gracias a los medios de comunicación. Especialmente en la época moderna, Internet se ha vuelto una herramienta primordial para articular diferentes luchas en una sola, y de esta manera, expandir las acciones y las voces de protesta alrededor del orbe. Como lo habíamos anotado, el movimiento de los indios de la Selva Lacandona en Chiapas, fue un claro ejemplo del poder de la masificación de medios y los vínculos sociales. Pero a raíz del surgimiento de la Web 2.0, Internet, además de ser el medio a través del cual los activistas buscan ganar adeptos a sus ideales, y la cohesión de sus grupos de influencia (con el apoyo intermitente de grupos foráneos y organizaciones de Derechos Humanos), se convirtió en el escenario central de la lucha.

En este sentido, vuelvo a puntualizar el caso de Anonymous que me resulta muy interesante y vital para explicar el contexto de activismo actual. No entrando en debates sobre su capacidad técnica, su origen e historia y mucho menos la ética de sus acciones (por el momento), Anonymous responde a las características de un movimiento social, porque plantea una causa común en todos sus miembros y en sus ramificaciones. Sin embargo, otro diferencial que se cierne sobre este grupo en concreto, es el impacto de sus acciones derivado del alcance global que adquirieron gracias al uso principalmente de la ya nombrada Web 2.0, que en resumen la componen fundamentalmente plataformas como Facebook, Twitter, Youtube y también 4chan cuyo alcance es de gran trascendencia social.

Entonces, al darse cuenta del increíble poder de convocatoria que tuvieron, los temas de movilización fueron volviéndose cada vez más relevantes, por así decirlo, más políticos, de mayor interés y por supuesto más controversiales. Ejemplos: La Operación Chanology, que protestaba en contra de la Iglesia de Cienciología, los ataques a Wikileaks, dictaduras y gobiernos opresores; su injerencia en las luchas de la Primavera Árabe; en México, la ola espontánea de movilización contra el despido de la periodista Carmen Aristegui de MVS Noticias el 6 de febrero de 2011, posicionaron a Anonymous en el plano internacional como un nuevo movimiento social y hacktivista, cuyos miembros llevaban a cabo acciones contundentes y concretas en pos de una causa.

Tomando en cuenta nuevamente el concepto de ramificaciones que conforman a Anonymous y sabiendo que su campo de acción ya no se encuentra en las calles, sino en Internet, los miles de temas que obtienen relevancia y el tipo de acciones que se llevan a cabo, permiten comprender la globalización del movimiento, que incluso se ha subdividido entre países. En el caso mexicano, existe un grupo Anonymous México, el cual ya tuvo un papel importante durante el marco de las elecciones presidenciales, donde Peña Nieto fue el vencedor.

En las elecciones del 2006, funcionaron blogs, correos cadenas, sitios web, pero obviamente nadie hablaba de la Web 2.0. Ese concepto simplemente no existía en la realidad. Fue en el 2012, cuando millones de mexicanos incursionaron mayormente en servicios inteligentes de redes sociales y se generalizó de manera exacerbada, el uso de dispositivos móviles que le dieran la posibilidad al usuario de interactuar en tiempo real, con los acontecimientos del momento. [4]

Los candidatos a la presidencia tuvieron que enfrentarse a esos espacios virtuales, y ya no solo hubieron de defender su campaña en las televisoras. Incluso aparecieron nuevos puestos para dirigir sus operaciones digitales: los "Social Media Managers". Surgieron los famosos "bots", seguidores falsos creados para posicionar un tema o aumentar el nivel de popularidad y de aprobación, y para circular masivamente cualquier mensaje del candidato; y también los "trolls", cuentas que igual que en los foros, se usaban para agredir candidatos y opositores. La campaña de Enrique Peña

---

[4] Para Freedom House, México calificaba como parcialmente democrático hasta 2006. A partir de la llegada del PAN al gobierno paso a considerarse como democracia (full democracy) pero recientemente (2012 – presente) volvió a bajar su puntuación

Nieto por ejemplo, contó con el más nutrido grupo de bots, los cuales se encargaban de inundar la red con mensajes de apoyo al candidato, o de sembrar polarización entre los adversarios.

Fue imprescindible darles esa introducción para entender la rebelión de los estudiantes en el movimiento #YoSoy132, que cobró una enorme fuerza en mayo de 2012, a dos meses aproximados de las elecciones del 1 de julio y ustedes mismos juzgarán la razón.

El detonante que prendió la mecha de este movimiento fue la visita de Peña Nieto, el 11 de mayo de 2012 a la Universidad Iberoamericana. Nunca se esperó que el candidato del PRI, encontrara oposición en una Universidad muy conocida por tener a los hijos de las "clases altas" de México, (como si la podía hallar en la UNAM o el IPN, donde jamás se atrevió a ir) y sufriera las increpaciones tan directas de sus estudiantes. La Ibero educa a los hijos de los "económicamente privilegiados" y realmente ninguna universidad privada se ha conocido por su activismo político. En una situación similar se encuentran el Tec de Monterrey, la Anáhuac o el ITAM.

Si me permiten una pequeña opinión, sabemos que dichas instituciones son duramente criticadas en la UNAM y el IPN, entre otras cosas, por su falta de inmersión en los movimientos surgidos desde siempre en el seno de estas Universidades, como lo fue el histórico Tlatelolco del 68 y demás. Sin embargo, el por qué considero no hay diligencias estudiantiles en esos colegios o activismo más efervescente, es porque simplemente esas escuelas son una extensión de los bastiones partidistas, que son capaces de subyugar de manera muy extrema, rapidísima y violenta a cualquiera que se desee iniciar un movimiento político, o una protesta dentro de esas aulas. Los alumnos en la Ibero por ejemplo, irónicamente arriesgan bastante más, que los de una universidad pública; su columna de acción es más débil y peligrosa, (no están cobijados por una comunidad tan grande como en la UNAM, donde hasta el propio rector apoya de frente a sus alumnos en ocasiones), y su colectividad no está pensada para ejecutar estas acciones de incitación, por lo cual (y lo he presenciado personalmente), cualquier intento de rebelión es reprimido con franca dureza y hasta las últimas consecuencias. Incluso los alumnos llegan a sufrir veto, exclusión, persecución muy enérgica y espionaje, por llegar solamente a planos primarios. Lo anterior se ejemplifica excelentemente en el transcurso de lo ocurrido en el #YoSoy132.

"Yo no sé si eran estudiantes o no, pero muy agresivos, organizados, que se metieron no solamente con Enrique Peña Nieto, sino se metieron con mucha gente incluidos los propios reporteros…" "Hay un grupo de no quiero decir jóvenes. Ya estaban mayorcitos. Calculo de 30 a 35 años para arriba. Incitando. No pasaban de 20 personas. La información que se nos da al final es que grupos cercanos a Andrés Manuel López Obrador estuvieron promoviendo y organizando este tipo de actos…" dijeron los voceros del candidato a los medios.

Ese mismo fin de semana, dos alumnos de la Ibero crearon un evento en Facebook titulado "Video por la verdad", donde llamaban a quienes estuvieron en las protestas a mandar un filme con su credencial universitaria diciendo: "No somos porros, no somos acarreados, nadie nos entrenó para nada". Para el Lunes, había 131 videos que se combinaron en uno solo de 11 minutos, subido a Youtube, y añadiendo escenas de lo ocurrido en la Universidad, con lo cual se corrió una noticia por todas las redes sociales explicando que 131 alumnos de la Ibero habían iniciado una "rebelión", y las contradicciones entre el video y las declaraciones de los voceros sobre lo ocurrido en la Universidad, eran más que evidentes.

Aparece entonces "Los estudiantes respondemos", esa voz colectiva, es una edición de pequeños fragmentos de voces individuales que dicen: "Usamos nuestro derecho de réplica para desmentirlos. Somos estudiantes de la Ibero, no acarreados, no porros y nadie nos entrenó para nada". Los 131 alumnos (valientemente o estúpidamente no lo sé) dicen su nombre y su matrícula frente a la cámara mostrando su credencial.[5]

En menos de 1 semana, la convulsión que ese video provocó fue fulminante: estudiantes de las más prestigiadas Universidades privadas del país, como el Tec de Monterrey y el ITAM, convocan a una marcha desde la Ibero, a las instalaciones de la televisora Televisa, para exigir el respeto a la libertad de expresión y a la libre información. Muchos estudiantes llevan cartulinas donde han escrito "Yo soy 132" el número consecutivo a los 131 jóvenes de la Ibero, que dieron la cara en el video ya mencionado.

De esta forma, se gestó el movimiento cuyo hashtag se mantuvo de trending topic por varios meses y utilizó Youtube, Twitter y Facebook como principales medios para diseminarse por internet de forma viral. El argumento inicial, cuando el video se expande sin límites, forja además una oportunidad política para salir a las calles y logra la alineación de muchas protestas que ya se encontraban presentes en la sociedad. Aparece todo un cúmulo de individuos "jóvenes" que se suman al movimiento y el principal foco de unión, es el rechazo total al candidato del PRI, pero desde mi punto de vista este cúmulo no surge de repente. En muchos lados se habla del despertar de la juventud mexicana que hasta entonces permanecía callada, sin embargo como yo lo percibo, esos jóvenes ya se encontraban ahí, yendo a la sierra Tarahumara para ayudar a las comunidades marginadas, apoyando a los guerrilleros de la selva Lacandona, informando valerosamente desde Ciudad Juárez o Tamaulipas sobre los feminicidios y asesinatos, solo que la "viralización" de estos sucesos, obtuvo mayor presencia con la ayuda de las redes sociales y la Web 2.0.

---

[5] Estas ideologías están inspiradas en los estudios de la primavera árabe (Hussain y Howard 2013, Breuer 2012).

Esta nueva forma de comunicarse permite la difusión instantánea de cualquier convocatoria, concede una movilización vertiginosa y dificulta la censura que el gobierno podía ejercer sobre los medios masivos de comunicación. Justamente ya estamos hablando de hacktivismo en su plano más puro y duro.

Por supuesto el grupo Anonymous México, se incorporó al #YoSoy132, exigiendo la democratización de los medios. En mayo, se lanzaron ataques contra TV Azteca por no pasar el debate presidencial en televisión abierta y también contra la Secretaria de Gobernación por permitir que eso sucediera.

Su mayor golpe en esa época fue ejecutar la "Operación Copete" (haciendo burla al peinado del entonces candidato Peña Nieto) revelando una base de datos de la página www.promueve2012.com.mx donde existía información de varios simpatizantes con usuario y password, y de empresas y escuelas privadas vinculadas al PRI, que se utilizarían para cometer fraude electoral. Se filtró también el número de credencial de elector de Peña Nieto y también la de varios periodistas de Televisa como Denisse Maerker, Adela Micha, Joaquín López Doriga y Carlos Loret de Mola, simpatizantes y afiliados. [6]

Para el día anterior a la elección, Anonymous mediante su canal de Youtube publicaba un video que contenía el siguiente mensaje: "Este día te hago un llamado a que dejes de lado tus preferencias políticas y te centres en lo que verdaderamente significa el voto, votar por un candidato, por sus propuestas, por su gabinete.... La mejor guerra es la guerra intelectual, manifiesta tu repudio hacia la mercadotecnia de Enrique Peña Nieto y su ineptitud, la verdad los hará libres... El pueblo no debe temerle al gobierno... "

---

[6] Operación Copete. http://utselvaalumnos.blogspot.com/2012/05/marcha-anti-penanieto-operacion-copete.html

El auge de este movimiento estudiantil #YoSoy132 así como el hactivismo del colectivo Anonymous que lo apoyó, son ejemplos de las nuevas formas de lucha a través a las redes, que desde mi punto de vista, heredan con grandísimo honor las formas subversivas de los hackers de la vieja escuela, por supuesto llevados a un terreno más allá de la "tecnicidad elegante" y la creación de software o metodologías hacker. Estamos hablando de movimientos que esgrimen estas técnicas para generar un cambio en su entorno (no digo que los hackers "pasivos" no lo hicieran) y se utiliza Internet para tomar acciones colectivas, al margen de los medios de comunicación tradicionales y las calles o los espacios públicos.[7]

El día de las elecciones, los activistas del movimiento participaron como observadores electorales. El #YoSoy132 lanzó la iniciativa de vigilar las casillas con el fin de recopilar evidencias gráficas ante posibles delitos. Se crearon cuentas de Twitter y sitios Web para subir las fotografías de los conteos en cada casilla, y cotejarlas en el conteo final, además para subir videos de denuncia en caso de que existieran irregularidades en algún distrito o estado.

Para el 7 de julio después de las elecciones, miles de personas estuvieron en una nueva marcha, pues la victoria de Peña Nieto caía como un balde de agua fría, a pesar de todos los esfuerzos realizados y recursos recopilados que sirvieron para impugnar la elección, pero no lograron anularla. Sin embargo, la inercia del Yo Soy 132 permanecía intacta, aún para la mayoría de la gente, que para superar ese momento amargo intentó mantener vivo el movimiento y seguir apoyándolo, enalteciendo a los estudiantes, como modelos de lucha por la justicia y la transformación política del país.

---

[7] Véase por ejemplo Breuer y Welp (2014), Boulianne (2009), Anduiza et al. (2012), Bimber et al. (2008), y Chadwick (2012).

El 1 de diciembre, cuando Peña Nieto tomaba posesión como nuevo presidente de México, el movimiento tuvo su primer enfrentamiento físico que no había experimentado, ni siquiera en los comicios celebrados en julio. Miles de jóvenes se enfrentaron a un cerco policial alrededor del Congreso de la Unión. Balas de goma, gases lacrimógenos, hirieron estudiantes y profesores por igual, en una manifestación en el Centro de la Ciudad de México, y varios infiltrados iniciaron provocaciones destrozando infraestructura urbana. La policía arrestó a varias personas que no habían sido parte de los hechos. El movimiento todavía pudo ser capaz de documentar a través del móvil, y con la cooperación nuevamente de las redes sociales, que muchas de las detenciones eran arbitrarias y pidieron la inmediata liberación de la mayoría de los afectados, por ser ataques de bandera falsa.

Sin embargo, a pesar del fracaso final, el movimiento sentó exigencias muy claras en el panorama del hacktivismo y el uso de la tecnología para lograr un frente común. Hizo temblar al sistema, porque se dio cuenta que era imposible controlar Internet, e impedir la circulación de la información digital en una urbe tan grande como la Ciudad de México, además de que un simple hashtag pudo crear toda una organización capaz de poner en jaque un gobierno entero, de forma brutalmente asimétrica.

Es de temer lo que un solo individuo frente a una computadora en nuestros días puede realizar y por esa misma razón debemos ser conscientes de la responsabilidad que albergamos en nuestras manos. De organizarnos para un bien mayor. De proponer un país diferente. Y de aprender a resistir contra cualquier política de opresión y manipulación. Al final, el Yo soy 132, el hacktivismo y los grupos como Anonymous o incluso Lulzsec, nos indican que ya existe una batalla que debemos librar y que nos une a todos por igual: aquella por la información y las telecomunicaciones como herramientas cruciales, para construir y moldear las sociedades actuales.

Porque "Si no ardo yo, si no ardes tú, si no ardemos todos ¿Quién iluminará esta oscuridad?".[8]

"Hay lágrimas por tantas batallas perdidas, por las ideas clausuradas a fuerza de imposiciones, por las vías pacíficas negadas una y otra vez desde casi siempre. También se llora de emoción al ver a niños y niñas de entre 5 y 10 años dirigiendo a las masas que repiten sus protestas: "¡Queremos escuelas, no telenovelas!". Se desgarra la memoria al ver los puños encanecidos, las historias que todavía marchan, así sea en muletas. Duele tanto este país.

Pero sólo lloramos los más grandes, que algo de eso vivimos, porque lo que abunda es la memoria histórica transformada en esperanza. Esta marcha la hacen los adolescentes y los veinteañeros que han decidido pasar lista de presente, alistarse en las filas de la indignación, romper con el marasmo de las pasiones anquilosadas de sus mayores, reivindicar para sí el presente como única vía para construir su propio futuro. Ellos nacieron en plena decadencia del PRI, no vivieron sus esplendores soportados en el autoritarismo, en la guerra sucia, en el asesinato de quien se resistió con tanta entereza, que se convirtió en una amenaza para el poder. Es puro instinto lo que los mueve. El que no brinque es porque ya está muerto. Por eso gritan y saltan y sonríen y se besan: el amor como máxima expresión de resistencia. "EPN, los medios son tuyos, pero las calles son nuestras…"

"No hay templete ni organización que espere para pronunciar discursos. La marcha entra al inmenso espacio abierto del Zócalo para encontrarse que está sola en medio de la multitud. La gente entiende que cada uno es su propia manifestación y se agrupa en torno de las consignas que se comparten con el resto. La manifestación deviene en happening democrático, una performance política. No es una sola marcha ni es un solo mitin. Es cada familia que corea su indignación y su esperanza, sus

---

[8] Vease Nazim Himket et al.

conjuros contra el sexenio de miseria moral que se nos avecina. Es cada una del más de medio centenar de universidades del #YoSoy132 fusionada en contingente. Es cada grupo de amigos que quedó para sumarse a la resistencia colectiva. Es cada rabia individual que se acumula en voluntad de cambio. El cambio que tantos y durante tanto tiempo ha sido negado a los mexicanos..."[9]

Ce n'est qu'un début, continuons le combat.[10]

*****

[9] Gerardo Albarrán de Alba, "La revolución no será televisada", Página 12, Argentina, 9 de julio de 2012.
http://www.polodemocratico.net/noticias/internacional/177-archivo-internacionales/2642-mexico-la-revolucion-no-sera-televisada
[10] Para mayor referencia: "La primavera mexicana #yosoy132, la comunicación y el proceso electoral en México", Fundación Betiko, en línea en
http://fundacionbetiko.org/wp-content/uploads/2013/03/Articulo-Yosoy132-Guiomar.pdf.
"131 alumnos de la Ibero responden", YouTube, en línea en:
https://www.youtube.com/watch?v=P7XbocXs FkI.
Fuente: Freedom House, en línea en www.freedomhouse.org/sites/default/files/2010SubCategoryScor es-Website.

Es Viernes de 2013, el decimotercer día de febrero. F y H entran a la casa de Macareno donde ya aguardamos P y su agonofílica majestad; todos acaban de comprarse "viejas nuevas". Pasamos dos días en la juerga, pero también pasan dos días proyectando a un "centinela digital antropomorfo", cocinado con cierta premura y exquisitamente crudo, pero con forma. Esa crudeza de código, esa improvisación capaz de detectar los hoyos más inverosímiles en las venas binarias de los sistemas, va a quedar para siempre arrejuntada al futuro quinteto de Azcapotzalco.

Tarde enmarañada por el gargajo sempiterno: F se acusa frente al monitor para rendir cuentas a su nuevo guardián, ese guardián cuyo cinturón de Batman es creado por H, y su cerebro artificial por P en sintonía. Macareno los pone a prueba con su arsenal de códigos maliciosos, y los regresa al laboratorio de los locos cuando fracasan en pararlo. Y bueno, este centinela, este guardián, este hijo bastardo intenta ser un vigilante nocturno, que luche contra cualquier mierda desconocida (o conocida), muy abundante en las cloacas. Este intento de creación está siendo parido en el culo del mundo, es decir la casa de Macareno; no busca otra cosa que hacer estallar las mentes dañadas del quinteto, y consumar su victoria hacia una gloria desconocida. Entre los vómitos de la juerga, flota este código y su compilación se nutre de la personalidad destructora de sus creadores, de su agresiva pulsación en el teclado, y desde ahorita aunque aún no haya nacido, sabremos que va a derrotar a cuanta caca electrónica abunde. A pesar de eso, no existe un nombre por el cual llamarlo, es más todavía no se sabe a ciencia cierta lo que se está haciendo, y como supondrán a la sazón, el primer problema no es el nombre.

Cuando terminó la fiesta y todos preguntamos si el próximo fin habría una siguiente, los cinco nos despedimos como recién terminando de echarnos un *one night stand*, encima del cofre de un Camaro rojo. Alguien le dijo a F: "Deberíamos seguir yendo con Macareno, por alguna razón siento que podemos lograr algo interesante" como si presagiara un evento cósmico de magnitudes supra estelares.

El sábado siguiente todos fuimos nuevamente a juerguear a la casa de Macareno. Entramos, tomamos cerveza, jugamos "videojuegos", comimos basura, fuimos a un "table"… pero solo aletargamos, pues la tentación del código acarició nuevamente al grupo, ya muy entrada la madrugada. Siguieron construyendo a la bestia, al guardián (sin saber lo que construían realmente) y algunos otros se sintieron llamados también, a travesear por las sombras, aquellas donde los *black hats* abundan.

Enfrente de un monitor a media madrugada, la luz atraviesa nuestras pupilas "como la heroína a través de las venas de un adicto". Es una sensación "orgasmática" eso de tener el control, de deshacer el mundo a voluntad. Y mimar a "esas delicadas mujeres" que no los sueltan ni un momento y les crean una adicción irresistible.

Cada vez que ellos les piden les regalen un rato a las muy perras, unas horas de sueño, de espasmo, lo más que obtienen es una horda de reclamos y gritos caprichosos: "¿A dónde vas?, ¿Con quién?, ¿Por qué no me puedes llevar? ¡¡Ahh claro!! Te avergüenzo porque después de 6 meses soy más lenta que tu nueva amiguita ¿verdad? ¡¡¿¿Entonces ya andas manoseando otras teclitas a mis espaldas maldito hombre mujeriego??!! ¡¡Todos son iguales!! ¿¿Te diviertes con ellas?? ¿¿ Les haces el amor igual que a mí??".

A la mañana siguiente, durante la madre de todas las crudas, contemplamos el esqueleto del guardián y las malignidades del quinteto perpetradas en la tenebrosidad nocturna. Hablaron del grupo, hablamos de seguir, F me habló de continuar y Macareno nos dijo a todos: Piénsenlo.

"Ya lo pensé", dijo H la siguiente semana al llegar a Macareno's, con la sonrisa de una quinceañera ganosa y la terrible comezón propia de una tanga mojada. F y P tampoco se niegan a participar en otras muchas bacanales siderales; se prepara el estruendo justo como en la celebración pasada, se hacen los ajustes a las dotaciones cadavéricas, y es cuando llega el momento perfecto para hablarles de mi poema. Ese poema que habrá de servir como bautismo de fuego para mis nuevos ungidos representando la purificación de cualquier pretérito atormentado, y la proyección hacia un prometedor futuro. Un poema escrito por mí, algunos años atrás, durante el clímax de la amargura a causa de una desavenencia sentimental llamado: "Los querubines de la madre *Lenitiva* entre las insólitas imágenes de *Loradana*"...

*****

¡¡Vaginas acarameladas!! Esta atemporalidad del relato es producto de mi enfermizo temor al *horror vacui*. Además no me gusta contar siguiendo un orden cronológico, no tiene sentido, se me hace en extremo *chafa*. Eso déjenselo a las mentes oblicuas, que no pueden comprender más allá de la tercera dimensión ¿ven? Solo que es un poco peligroso a veces, porque durante estos viajes en el tiempo, el sinsentido resulta ser altamente perjudicial. Un pequeño error en los cálculos y de pronto se acaba en Tenochtitlán en el año de 1521, con la epidemia de cólera azotando la ciudad entera y lista para servirse. O en Tlatelolco, en la tarde del 2 de octubre de 1968 a lado de un "halcón" asesino. Pero esta vez tuve suerte. Llegue a donde tenía que llegar.

Llego a contarles el dramático final de la telenovela "La Espermatosa y la Rubiola" protagonizada por supuesto, por "La Espermatosa", "La Rubiola", Macareno y P, con algunas estrellas invitadas. Son dos episodios separados, muy del talante "La Rosa de Guadalupe" pero a diferencia de la telenovela, aquí no terminamos con una florecita blanca apareciendo, justo cuando le pedimos a la Virgencita que nos salve de las garras de algún gandul. Son historias segregadas y como ya lo dejé implícito, nos cuentan el final de la tormentosa y calamitosa relación de mis pendejitos, producto de los celos y los caprichos de sus enamoradas. En ningún caso hacemos crossovers entre Universos, aunque quizá (y solo quizá) exista algún cameo durante los eventos.

Episodio 1

<u>El Hacker y su novia (adaptación de la obra "El Pescador y su esposa" de los hermanos Grimm)</u>

Había una vez un P que andaba con una Rubiola,
la cual conoció en un bar de mala muerte.
Todos los días le cumplía sus enormes caprichos,
por ser un mandilón sin oficio,
pero especialmente porque La Rubiola le aflojaba,
todo lo que tenía bajo el vientre,
ni bien entrando a su alcoba.

Esa mujer era un pinche flan.
P era capaz de vender mil fotos de él desnudo,
solo para mantenerle sus lujos
y seguir con su vida de carnalidad.

Un día P, estaba sentado felizmente en su laptop haciendo lo ~~que mejor sabía hacer, o sea ver chichis en Internet~~ segundo mejor que sabía hacer,
o sea delatar infieles, y hacer esas cosas de "jaquers",
de las cuales yo no sé casi nada de su menester.

Su riquísima novia sabía de antemano,
que P recibía altas comisiones por esta clase de trabajos,
y no dudó ni por un segundo,
en exprimirle las ubres a su hambreado cornudo.

Pero entonces, llegó una (otra) pobre niña rica
que sufría por causa de un mancebo miembro-suave,
y a P se le partió su pielecita de alfajor,
no dudando en ayudarla a destapar al traidor de su corazón.

Mujer delatora:

Para el cruel destino, vino
para el fracaso, de ron un vaso
para la tristeza, cerveza
para todo mal, mezcal
para toda decepción, tequila con limón
para lo fregado, de tuna un curado.
Óyeme vaquero, de verdad que ya no puedo ni comer,
mi vida se ha ido al caño por culpa de otra mujer,
pero te suplico, si tú me ayudas a delatar a ese infiel,
prometo que mi héroe por siempre vas a ser.

P:

Si porque me ves con botas
crees que soy vaquero…
no me gusta la leche de vaca
a veces se me vuelve suero…

Soy de las altas montañas
donde habitan los leones
buen amigo de los hombres
y azote de los cabrones.

Bien mujerzuela, no hay necesidad de suplicarme,
para mi es imposible no percibir tu sentir,
y tu profundo dolor acaba de mostrarme,
que ciertamente, por tus acumuladas heridas,
este trabajo no habrá de costarte.

…Y P la ayudó.

La muchacha quedó satisfecha con su encargo,
poniendo una cara de maquiavélica satisfacción,
y sin el menor rastro de despecho,

dejó tras ella toda su conmoción.
Entonces P regresó velozmente con la Rubiola,
pues el muchacho ya tieso quería engullirla,
con su insaciable apetito,
y con singular algarabía.

P:

¿No es verdad ángel de amor,
que en esta apartada orilla,
mi jalapeño con mantequilla,
se te resbala mejor?

La Rubiola:

¡Por dios, Don Juan de P! ¡que soy doncella!
¡Solamente la puntilla!

P:

Nada de eso mujer que para tal acción, yo siempre te pago más de
un peso.

La Rubiola:

¡¡Pero es que tus pelos ya me pican!!

P:

¡¡Calla mujer!! que justo ayer por ti me rasuré.
Y hasta un huevo me llevé.

Así pues, habiendo saciado a la gran princesa,
y después de terminar tamaña empresa,
P ni tardo ni perezoso,
a la Rubiola

le contó sobre su proeza.

La Rubiola:

Novio mío. ¿Acaso no me has comprado nada hoy?

P:

Nada para traerte.
Solamente he ayudado a otra desgraciada muchacha con sus
horrendos desamores.
La mala suerte, señores,
cuando el destino es tan malo,
viene en pomo de dolores
y hasta en cajones de palo.

La Rubiola:

Yo nací de seda y fleco
y pantaloncito angosto,
presumo ser chiapaneca
y hasta ser niña de agosto.
¿Es que acaso, no le pediste nada para ti, o para mí
a cambio de semejante gozo?

P:

Presumes de tanta seda
y hasta de lino exquisito,
para encajes, lo que queda,
confórmate y ten trapito.
No le pedí nada.
No creo que sea tan maldito.
Y en todo caso... ¿qué habría de pedirle yo para saciar los
horrendos gustos de tu monito?

La Rubiola:

No debe ser tan malo
el gusto de una mujer,
cuando se agarra del madero
su motivo ha de tener.

¡¡Ahh!! es tan terrible vivir sin que tu enamorado te cumpla lo que
se quiere,
(aunque yo sea la niña que con sus carnes siempre le consiente).
Vuelve y llama a la muchacha,
dile que quisiera una bolsa Gucci para lucirla,
hasta en los puestos de las garnachas.

P:

¡Ah! y ¿por qué he de ir de nuevo allí?

La Rubiola:

¿Que por qué? Ya la ayudaste una vez y la complaciste sin chistar.
Como es una jovenzuela pudiente de seguro te consentirá.
Ve de inmediato con ella,
o de mis mieles jamás volverás a probar.

A P no le agradaba mucho la idea,
de la Rubiola ser su mandadera.
Pero no quiso contradecir a su novia
para no perder el derecho a sabroseársela cuando quisiera.

Volvió con la joven para cobrarle por sus servicios.
Y cuando llegó,
a la chica sentada en una banquita verde, dulcemente le dijo:

P:

Hermosa moza, mujer delatora,
tú que usaste como un revolver,
la cabeza de tu ejecutora.
Ven te lo suplico, ven a donde yo estoy,
por mi novia, la buena de la Rubiola,
que un capricho de ella
a mí siempre me acongoja.

¡Yo no pensaba cobrarte el favor oh ninfa delatora!,
pero el deseo de mi novia no soy capaz de parar.
Mi pasado con la Rubiola me suele matar,
sus pretensiones ya me asfixian,
solo puede sobrevivir,
nuestro amor en terapia intensiva.

Mujer delatora:

¿Qué le parece a los Olímpicos mi canto?
Para cantar a cualquier mujer me basto y sobro.
Yo puedo describirlas y darles encanto,
y dejar a sus hombres boquiabiertos y con enorme asombro.
Más para la Rubiola,
esa vieja ladina,
necesitas mucho más que tu flujo blanco y
perlas de diamantina…

…Bueno y ¿qué es lo que pide?

P:

Ah… en las olímpicas cuotas
a veces no importan tallas,
para el grandote hay derrotas
y para el pequeño medallas.

Yo te ayudé malagueña,
y mi novia me exige inocente
que tú podrías darme objetos
sin reparos de lo más decente,

Ella quisiera de Gucci una agraciada bolsa fastuosa,
bufanda, guantes, y lentes,
para presumirlos cuando vaya
con su cruel amiga la Espermatosa.

Mujer delatora:

Ve ahora, que ya los devora.

P:

(Gracias querida moza,
por tus favores celestiales.
No sería por la fortuna,
sino por paciencia y arte
que estando tú por la Luna
yo tal vez llegara a Marte...)

Cuando P regresó a su casa,
la Rubiola ya no tenía una bolsa de tugurio,
sino una bolsa Gucci,
que le diera a ella status quo,

La Rubiola:

Mira, ¿no es bella mi bolsa Gucci?

P:

¡¡Claro!!

Y así deberás verla siempre
ahora viviremos tranquilos y contentos,
sin nada que nos atormente.

La Rubiola:

Ya lo veremos.

Todo marchaba muy bien para P y su rapiña,
pero al cabo de una semana
la Rubiola ya enloquecía,

La Rubiola:

P *amore mío*,
esta bolsa Gucci no la puedo lucir,
yo no tengo ningún vestidito
que haga sentirme el ser más bonito.

P:

Para que luzcas decente
debes llevar cuando salgas
tu bufanda, tus guantes y lentes
y botas hasta las nalgas...

La Rubiola:

Esa mujerzuela que ayudaste,
debería darme un arreglo elegante,
siendo que tú,
todo el tiempo del mundo le dedicaste.
Me gustaría ser Cenicienta y tener una hada,
que me aparezca sin demora, un vestido de Prada.

P:

Pero mi amor,
esa bolsa es suficiente para ti,
¿Para qué quieres unas telas apretadas
que te harán ver como manatí?

La Rubiola:

¡!Ve ahora!!,
para ella es muy fácil
y te consentirá todo lo que le pidas,
simplemente llámala
o conocerás mi ira.

El alma de P se apesadumbró y no quería ir,
pero al final por su Rubiola,
debía hablarle a la chica,
o prepararse para morir.

P:

Hermosa mozà, mujer delatora,
tú que usaste como un revolver,
la cabeza de tu ejecutora.
Ven te lo suplico, ven a donde yo estoy,
por mi novia, la buena de la Rubiola,
que un capricho de ella
a mí siempre me acongoja.

Mujer delatora:

Bien y ¿qué es lo que quiere ahora?

P:

La revista Vanidades
en promoción sin igual,
te ofrece en sus suscripciones
una introducción anual.

Allí la Rubiola vio un vestido de Prada,
que yo me he pasado buscando,
en el almacén de al lado.
Pero ella cree que tengo varita,
para convertirme en la putita de su hada madrina,

Doncella delatora,
ni siquiera he ido a la escuela,
por los trabajos que he pasado
sacando y metiendo tela.

Mujer delatora:

Ve para allá, a tu paraíso de leche y miel.
La Rubiola con un Prada se está cansando de enseñar la piel.

Así P regresó con la Rubiola,
y ella se postraba ante él vestida de rosa
con su fino y caro vestido,
sintiéndose la más dichosa.

P:

El daltonismo, señores,
es asunto poco sano,
hoy el color del camote
es el rosa mexicano.

La Rubiola:

¿Insinúas que el vestido
que tu amiga me ofrendó,
es de color lechón,
y que mis gustos *fashionistas*,
sinceramente son de lo peor?

P:

No me voy a quejar,
pues a lo dado, buen afán,
con alegría, sin enojo,
si en La Villa ayate dan,
pues ni modo, ayate… agarro.

A la mañana siguiente la Rubiola despertó
y observando la salida del Sol,
con sus ojos "pizpiretos"
su vestidito y bolsa contempló.

Pero ¡¡ayyy!! inmediatamente la desgracia,
nuevamente la cubrió
pues a P pronto le hablaba,
y su rostro como geisha palideció.

La Rubiola:

Amado P ¿dónde estás?
Eres el causante de mi cólera
¿Por qué a tu novia nunca pelas?
¡¡Ahh!! ¡¡de seguro tú ya tienes otra pécora!!

P:

Tus caprichos como drama

son una exquisitez.
En Otelo serán malos
si es que te llenas de pena,
cuando ese Shakeaspeare mentado
te enclave el afro en su escena.

La Rubiola:

Creo que tú no entiendes
lo que yo sufro al caminar.

Aunque yo tenga por zapatero
a un tipo que se pule
forrando muy bien la pata:
el pelón con suelas de hule.

Ve ahora con la mujerzuela,
y dile que quiero unas ruedas,
pero no las de una carreta, una silla
o un triciclo.
Sino las de un flamante Mustang
adornado con un agraciado moñito.

P:

A mí aconsejaron:
si de caminar tanto te ha vencido el sueño
y has salido retrasado,
tienes que subirte al metro
aunque te toque parado.

Amada mía yo no puedo
con la jovenzuela regresar,
ya mucho le sangramos,
para unas ruedas mendingar.

La Rubiola:

En el metro hay una cosa
que ni acepto ni me explico,
el hacer soberbia cola
en la hora de los picos.

¡¡No dudes de mi juicio!!
¡¡que con ella tú irás!!
Porque ser como un blandengue
se te está haciendo vicio.

Y P no quería ir, pero ni modo fue.
Llegó con la jovenzuela y se paró con toda su fe.

P:

Hermosa moza, mujer delatora,
tú que usaste como un revolver,
la cabeza de tu ejecutora.
Ven te lo suplico, ven a donde yo estoy,
por mi novia, la buena de la Rubiola,
que un capricho de ella
a mí siempre me acongoja.

Mujer delatora:

Bien, ¿qué es lo que berrea ahora tu hembra?

P:

Caray, mi chicuela.
Ella desea un Mustang rojo
con los buffers en la cajuela.

Mujer Delatora:

Vuelve con ella, que en el asiento del carro, ya se está echando a
un sujeto de lo más guarro.

Cuando P regresaba a casa,
un flamante motor escuchó.
El Mustang que la Rubiola ansiaba
"a todo gas" la llanta quemó.

P:

Oh amada mía, ahora ya tienes un Mustang,
no tienes nada más que desear,
pues ni la lluvia, ni el cansancio,
a tu humanidad jamás volverán a azotar.

Porque cuando la lluvia azote
admitirás que es un arte,
ver las gotitas en el vidrio del Mustang,
verlas gotear y no mojarte.

La Rubiola:

¡Nopis! querido novio,
encuentro que yo no luzco
ninguno de mis regalitos.
El esfuerzo no lo amerita
y la decepción dañina
me produce un tremendísimo,
dolor en mi mollerita.

La jaqueca hay que evitar
porque es fea la cosa esa,
si sientes que se te va,
luego luego a la cabeza.

P:

Carajo ahora… ¿qué es lo que la puta mierda madre quieres?

La Rubiola:

Yo continúo perseverante,
mi diálogo de cultura
tú ya la veías perdida,
y aunque fui más tierna que una amante,
no merezco tu fea mordida.

P:

Te pido perdón amada mía,
por mi falta de verso y rima,
pero tu rigidez sustancial
se convirtió en movimiento
con este terrible lamento:
¡me hacen daño tus deseos!

La Rubiola:

Amado mío
ve con la jovenzuela,
seguro que con su gran influencia
me podrá hacer sin dudar,
la reina de la escuela.

P:

Esto no terminará bien.
ser reina de la escuela es mucha sinvergüenzada
la bella jovenzuela sin duda alguna
acabará mega hastiada.

P se acercó a la chica
que no estaba del mejor humor.
Pero venía preparado
para hacerle la jalea,
siguiendo el consejo
de su amada Dulcinea:

"Antes de cada pelea
comerás hartos picantes,
que huela la lona a brea
aunque huela el chile a guantes"

P:

Hermosa moza, mujer delatora,
tú que usaste como un revolver,
la cabeza de tu ejecutora.
Ven te lo suplico, ven a donde yo estoy,
por mi novia, la buena de la Rubiola,
que un capricho de ella
a mí siempre me acongoja.

Mujer Delatora:

Bien, que es lo que quiere tu hiena, que se viste como ñoña,
¿acaso ya no está contenta con toda su carroña?

P:

La reina del campus quiere ser,
y cuando al reflejo mágico le pregunte:
"¡Espejito Espejito!
¿Quién es la diosa más bonita
mucho más que la misma Afrodita?"
Él le conteste:
"Tu mi amada soberana,

que en todos los rincones de la escuela,
todos piensan en ti, para hacerse una manuela"

Mujer delatora:

Vuelve con ella, ya es la reina de corazones, y todos los
muchachos le andan viendo hasta el color de sus melocotones.

P regresó a casa y se fue a dormir muy cansado.
Los trabajos de la Rubiola,
lo habían dejado en verdad muy agotado (y alterado).

Pero cuando el alba afloró
y empezó el caluroso día
la Rubiola de nuevo caviló:

¿No podría tener lo que yo quisiese
si fuera igual de rica que la jovenzuela
mucha lana y poca deuda,
y jamás empobreciese?

La Rubiola:

¡¡Amado despierta!!
¡¡Ve con la mujer y dile sin vacilar
que yo quiero ser igual a ella!!
Dinero de a montones quiero poseer
para que ningún deseo
no me sea capaz de proponer.

P:

Caray, mujer
la lotería, te repito,
es algo muy singular,

aunque te toque un cachito,
a veces te hace llorar.
La Rubiola:

¡¡Ya no dudes que me va a dar una embolia!!
¡¡Ve corriendo y haz que la jovenzuela te cumpla mi mandato sin demora!!

Entonces P gritó con todas sus fuerzas:

Hermosa moza, mujer delatora,
tú que usaste como un revolver,
la cabeza de tu ejecutora.
Ven te lo suplico, ven a donde yo estoy,
por mi novia, la buena de la Rubiola,
que un capricho de ella
a mí siempre me acongoja.

Mujer Delatora:

Bien, ¿ahora que desea tu insaciable fiera?

P:

Válgame jovenzuela. Ella quiere ser igual a ti.

Mujer Delatora:

Muy bien esto ya es el colmo,
cuando vuelvas a tu casa,
encontrarás a la Rubiola acabada,
y su belleza quedará hecha polvo.

Entonces P regresó y vio a la Rubiola vacía y sin nada,
en un mar de gruesas lágrimas se encontraba,
sin Gucci, sin Mustang y ciertamente sin Prada.

Ella le suplicó para que no la dejara
pero P no palideció,
de los caprichos de la Rubiola,
el mancebo finalmente se libró,

No hubo necesidad de recetas engorrosas,
para aliviarse del mal de amores,
ni las gotitas milagrosas
del doctor Elver González.

Lo único que hacía falta
era que a P se le llenara el tinaco,
y se transformara en un cafre,
porque de tantos caprichitos
la Rubiola ya no le prendía el anafre.

Entonces sorpresivamente la mujer delatora apareció;
dirigiéndole a P una mirada furtiva,
la mujer sin zozobra le expresó:

Mujer delatora:

No te arrugues por perder,
ni te me vayas de lado,
porque aunque no lo creas a ti,
te toca la de haber ganado.

La mujer delatora se enamoró de P,
y al parecer este galán la aceptó sin oponer.
De nuevo empezamos el ciclo del vicio,
pero esta vez, P no desentona
siendo él tan afinadito.

Esta mujer es cosa seria,
pero para nada es la Rubiola,
porque con caprichos ella no sueña,

siendo un joven como P
lo único que ella añora. (Aparentemente)
Yo viendo el pedo de lejos señores
les digo con gran sapiencia:

No es lo mismo juguetear
con bolas de ping pong
que atreverse a raquetear
las pelotas de King Kong.

Mujer Delatora a P:

Cógeme de la mano
y méteme en tu cama,
ya bajo las sábanas
vámonos quitando las máscaras.
Si somos tal para cual,
como palo a la piñata.
si nos deseamos con la mirada,
y nos hablamos sin palabras,
no tiene caso fingir una relación
que no nos quita las ganas.

La moraleja de esta historia
tenemos todos que ver,
gotas de sabiduría,
que a veces no podemos comprender:

"Mientras más mojada se encuentre la cucaracha,
más recia y necia se nos pone la guacamaya"

Ya con estas últimas líneas seductoras,
me despido, los dejo en paz y rezando,
y por mi alma ni me aflijo
ya me la irán persignando.

Se destierra este pelón
que por las ferias anda bruja.
Dejen nomas consigo lana
y pa' dentro se los empuja.

Explicado la historia de P y la Rubiola
y la mujer que al final se queda,
al despedirme del tema
este miembro se les va…
…antes de que a todos ustedes,
 les escurra la tatema.

Compendio:

P:

Ese narrador es el mismo Satán,
es como la tía Justa,
que empuña la fusca
mi pelafustán.

Pero ojalá que toda la vida,
me lo atropelle la dicha,
y me le saque pedazos de felicidad.

Fin

*****

Mi nombre es Legión

Al ver de lejos a Jesús, corrió y se postró ante Él y gritó con gran voz:
« ¿Qué tengo yo contigo, Jesús, Hijo de Dios Altísimo?
Te conjuro por Dios que no me atormentes».
Es que Él le había dicho: «Espíritu inmundo, sal de este hombre».
Y le preguntó: « ¿Cuál es tu nombre?».
Le contesta: «Mi nombre es Legión, porque somos muchos...»

Marcos 5:9

"Hola a todos. Somos Anonymous. Lo que conozca o no conozca sobre nosotros es irrelevante. Hemos decidido escribirle a usted, a los medios de comunicación y a todos los ciudadanos del mundo libre en general para informar sobre nuestro mensaje, nuestras intenciones, objetivos potenciales y nuestra actual campaña pacífica por la libertad.

El mensaje es simple: la libertad de expresión. Anonymous quiere ser un movimiento pacífico a favor de la libertad de expresión en todas partes y en todas sus formas. Libertad de expresión en Internet, para el periodismo, los periodistas y los ciudadanos del mundo en general. Independientemente de lo que usted piense o tenga que decir, Anonymous está haciendo campaña a favor de usted.

Las noticias recientes de nuestras campañas han sido, en el mejor de los casos, mal transmitidas. Anonymous no es siempre el mismo grupo de personas. Se dice que la Constitución de los Estados Unidos es un documento vivo, ya que puede ser editado, modificado, cambiado por la voluntad del pueblo para satisfacer las necesidades de los ciudadanos. En ese mismo sentido, Anonymous es una idea viva. Anonymous es una idea que puede ser editada, actualizada, o cambiada a su antojo. No somos una organización terrorista como quieren hacerle creer los gobiernos, los demagogos y los medios de comunicación. En este momento Anonymous está centrado en una campaña pacífica por la "Libertad de Expresión". Le pedimos al mundo que nos apoye, no por nosotros, sino por su propio beneficio. Cuando los gobiernos controlan la libertad, le están controlando a usted. Internet es el último bastión de la libertad en este mundo en constante evolución técnica. Internet es capaz de conectar a todos. Cuando estamos conectados somos fuertes. Cuando somos fuertes, tenemos el poder. Cuando tenemos el poder somos capaces de hacer lo imposible. Es por esto que el Gobierno se está movilizando contra "Wikileaks". Esto es lo que temen. Nunca se olvide de esto: Temen nuestro poder cuando nos unimos…"

"Por favor, no lo olviden…"

"Somos Anonymous. Somos Legión. No Perdonamos. No Olvidamos. Espérenos."[11]

Si uno se limita a leer las noticias de los últimos años, podría parecer que de pronto los hackers han decidido unirse, para realizar acciones en nombre de alguna causa. Pero no es así: ni Anonymous, ni LulzSec, ni los demás, han inventado la rueda, vaya ni siquiera han sido los primeros grupos de hacktivistas en ejecutar acciones de repercusión internacional (como lo apuntamos con el

---

[11] Carta abierta de Anonymous para el mundo
http://entropiamundial.blogspot.com/p/carta-de-anonymous.html

movimiento del EZLN por ejemplo). El hacktivismo existe desde los años 70-80's y, a pesar de que todo comenzó como simple actividad de curiosidad geek, la defensa de una causa mediante el uso del hacking se adhirió muy pronto a la naturaleza de estos grupos.

Ya todos aquí conocemos de alguna u otra forma la relevancia de Anonymous dentro de los escenarios de protesta virtual actuales, y yo mismo me he encargado de definir al grupo como un parteaguas fundamental en la historia del hacktivismo.

Sinceramente se ha discutido mucho sobre ellos, y por todos lados nos llueven noticias de sus variopintas actividades. Que hackearon el Pentágono, que hackearon el FBI, el Banco Mundial, el gobierno chino, ruso, americano... mexicano; y sus hazañas parecen ser interminables para poder enumerarlas en una lista. Pero claro, todo ese mar de leyendas urbanas e información circulante lo único que provoca es que se tergiverse la identidad real del grupo, sus ideales, su origen y sus móviles.

Y no, no es que yo me haya dedicado a investigar exhaustivamente con fuentes 100% reales, para proveerles toda la información completa y verídica sobre ellos, pero me he dado cuenta que la historia de su movimiento, tiene varios escaños por los cuales podemos adivinar un poco sobre su surgimiento y su razón de existir.

Consultando varias páginas, videos y testimonios, tengo entendido que Anonymous germinó como un chiste dentro del popular foro 4chan por allá del año 2003, antes de asumirse como un movimiento independiente de hackers "al servicio del pueblo".

Pero ahora, debemos traer a colación otro concepto indecoroso vinculado al origen mismo de Anonymous, que muy pocos contemplan en esta empresa de conocer las entrañas del misterioso colectivo... ¿qué cosa es 4chan, y por qué razón un simple foro pudo incubar a semejante grupo de hacktivismo tan controvertido? Exactamente, ¿cómo pudo un sitio con aparente extrema simpleza, generar toda una corriente a escala mundial y además posicionarse como el punto de origen/distribución de todos los hechos importantes en Internet, del último lustro?

Para entender a Anonymous vamos a remontarnos a comprender inicialmente al útero antes que al feto. Primero lo primero.

¿Qué es 4chan?

El sitio 4chan nació en 2003 inspirado en el foro japonés Futaba Channel o 2chan, un "imageboard" o comunidad de foros donde se intercambiaban mayoritariamente imágenes realizadas por los propios visitantes.

A 4chan lo fundó "moot"[12], un joven neoyorquino de entonces 15 años. Su nombre real se desconoce, aunque le han entrevistado grandes medios como "The Wall Street Journal" y "Time".

Como dijimos, 4chan es una serie de foros esencialmente "Anónimos" (o Anonymous) donde se postea o se discute básicamente cualquier cosa. La verdad este foro no es muy diferente a Reddit, o incluso a algo como Pastebin. El sitio se compone, como cualquiera de su mismo estilo, de "threads", donde los usuarios discuten acerca de distintos temas, (desde elecciones presidenciales hasta juguetes sexuales hechos de gelatina) y tiene un aproximado de 25-30 millones de usuarios activos cada mes, según una encuesta realizada por mí y mis testículos de seda.

Sinceramente el foro a pesar del morbo que genera muchas veces por sus reiteradas menciones, no tiene nada de "espectacular" y para los primerizos, o poco conocedores, puede ser difícil navegar

---

[12] El concepto moot se refiere en el slang de Internet a la persona que fundó 4chan

a través de los múltiples hilos, que ofrece para visualizar contenido. Parece una vieja página de Internet que se quedó varada en el año de 1995.

Hay dos cosas que la diferencian de otros foros similares: la capacidad de postear cualquier mensaje sin la necesidad de crear una cuenta o tener un alias dentro de los foros, y la otra, que los hilos de discusión tienen un tiempo de vida relativamente corto, lo que significa que los usuarios raramente encuentran las mismas cosas en él.

Esto es 4chan, no hay misterio, no hay muchas reglas tampoco y sencillamente se puede postear lo que se nos venga en gana. Punto.

Todo lo anterior, deriva en la siguiente pregunta: ¿Por qué razón es tan importante 4chan, si se trata de un sitio más que cualquiera?

Lo primero, 4chan es el principio y el fin de un sinnúmero de "memes" que son la meca del "mainstream vital" para nuestro ocio diario. Para el Godín promedio es su fuente de alimento. Segundo, aunado a los memes, 4chan es responsable de un vasto número de hoaxes [13], cadenas de bullying, trolleos, y cualquier tipo de "prank" originado en Internet al menos durante los últimos 5 años. Y tercero, Anonymous, el levantamiento del colectivo, se inspiró en parte gracias a la capacidad de 4chan para enviar mensajes anónimos, y su fuerza de convocatoria para organizar cualquier clase de tumulto.

Por si no les ha quedado lo suficientemente claro, entre las exquisiteces que 4chan le ha regalado a la humanidad (además de Anonymous) se encuentran:

---

[13] Mensajes con falsas alarmas o cualquier otro tipo de alerta o de cadena. Su función consiste únicamente en engañar.

1.- Celebgate/ The Fappening: Docenas de nude pics de celebridades hollywoodenses aparecieron primero en 4chan antes de desperdigarse en torrents o en diversos sitios de descarga y redes sociales. Pregúntenle a Jennifer Lawrence.

2.- NudePICs: Relacionado con el punto anterior, hay una buena cantidad de fotos de personas, mayormente mujeres mostrando sus atributos en diversas situaciones comprometedoras, y bajo los más bizarros contextos imaginados, como el gore o el soft/hard porn.

3.- CyberBulling/Racismo: Las campañas orquestadas en este foro, simplemente rebasan cualquier aspecto de bullying existente, pues se sabe de casos, donde las víctimas se cree que llegan hasta el suicidio. (Ejemplo: caso Jessi Slaughter).

4.- Spamming: Muchas de las cadenas de spam, fake mails y mail bombers han tenido su origen en el foro distribuyéndose de forma masiva y ampliando el mercado negro del spam y los virus informáticos.

5.- Viralizaciones/Trending Topics/ Leaks: En 4chan han surgido múltiples trends y el sitio es conocido por crear TT artificiales en Twitter de larga duración. Incluso son especialistas en ejecutar modas masivas a través de la red. Un ejemplo muy conocido, fue cuando se pidió a los admiradores de Justin Bieber hacerse un corte en la piel, para demostrar su inconmensurable amor por el cantante de Pop.

6.- Asesinatos: Como los temas de los cuales se hablan son diversos y no existe una censura como tal, se han documentado casos en los que usuarios del foro, hablan de cometer crímenes con ciertas características, y al final se ha llegado a comprobar que efectivamente sucedieron. Un caso muy conocido en México, fue el asesinato del "hacker" Raúl Robles, del cual se supo horas después había sido publicado una especie de "ultimátum" en el

4chan latino conocido como "Hispachan". Un usuario lanzó una amenaza de muerte a Robles en el foro, y tiempo después un sujeto lo asesinó afuera de una cafetería en Guadalajara, México. Aunque no se tiene una certeza del crimen, los mensajes de este tipo en 4chan generan una enorme polémica, por la terrorífica coincidencia que existe entre lo publicado y los hechos que realmente pasan.[14]

¿Debemos decir que 4chan es inefablemente maldito, terrorífico, e invita a los usuarios a una entrada directa a la perfidia? Pues si la verdad, sí. Quien diga lo contrario, simplemente no sabe en donde está navegando.

4chan se compone de varios tableros o subforos, cada uno con temáticas diversas e "inofensivas" (anime, tecnología, moda, política, etc.) aunque los tableros que realmente nos interesan y de los que salen todas las joyas ya mencionadas son /b/ y /pol/ que contienen (o han contenido) una notable lista de fechorías perpetradas por los usuarios y con enorme eco en los anales de la historia misma de Internet, como hemos hecho hincapié.[15]

---

[14] Matan a Raúl Robles
http://www.radioformula.com.mx/notas.asp?Idn=552282&idFC=2015
[15] Hackeos masivos a cuentas de Paypal, Amazon o Facebook.
En octubre de 2008, lograron que la CNN publicara en la sección de artículos enviados por los ciudadanos, una falsa noticia: Steve Jobs había tenido un ataque al corazón. Los medios se lo creyeron y esto hizo caer estrepitosamente las acciones de Apple.
Asalto al correo de Sarah Palin, candidata a vicepresidenta republicana en las elecciones norteamericanas.
La revista "Time" abrió una votación electrónica para escoger a las personas más influyentes de 2008. Sorpresivamente, ganó "moot". Sus iniciales, junto a las de las 20 personas siguientes, formaban la frase "Marblecake, also, the game" (penetración anal, el juego), un chiste de 4chan.
En julio de 2008 el símbolo de la esvástica se convirtió en una de las palabras más consultadas en Google, por petición de los usuarios de 4chan.
4chan instituyó el 20 de mayo como el "Día del porno", que consiste en inundar Youtube de pornografía.
Y un muy largo larguísimo etcétera...

Sin embargo, a pesar de lo grotesco que 4chan pueda parecernos, muchas personas piensan que hay grandes razones para perdurar la existencia del foro. La anonimidad radical que posee, y la entera libertad para expresarse son vistos por varios, como los perfectos adjetivos de un sitio seguro, para llevar a la superficie cualquier clase de tema o idea sin temor a alguna represalia.

4chan representa hoy mismo algo que no se tenía en Internet desde hace muchas décadas: una conjunción de rebeldes, provocadores y antisociales, intoxicadores extraordinariamente creativos, incontinentes tan desalmados como inteligentes. El foro nos hace recordar con nostalgia a otras subculturas que florecieron y murieron en los inicios de Internet, como "La Iglesia del Subgenio", "Paranoia.com" o "El Asilo". Solo que en apariencia las motivaciones de estos chicos de 4chan, no son más que la diversión enfermiza, la "procrastination", el ocio y el "do it for the lulz". [16]

Pero la mejor cruzada de 4chan sin lugar a dudas fue el tan aclamado Project Chanology contra la Iglesia de la Cienciología en el año 2008, cuya campaña y consecuencias finalmente dieron lugar al nacimiento de Anonymous como colectivo hacktivista. Una cruzada sin precedentes, que apuntaba únicamente a ser un trolleo normal y casual, contra una víctima elegida, pero que al final resultó en toda una historia de gran cobertura mundial y nos trajo como consecuencia la conformación final del grupo.

Aunque si me lo preguntan yo creo que el nacimiento de Anonymous, fue íntegra y totalmente gracias a nuestro querido protagonista de Misión Imposible (el número que sea): Tom Cruise.

---

[16] Do it for the lulz en el slang de Internet quiere decir hacer algo solo por diversión. Lulz es un derivado del acrónimo LoL que significa Lots of Laughs.

El nacimiento de los Moralfags[17]

"Pero Anonymous nunca ha estado particularmente centrado. Las redadas pueden ser devastadoras o divertidas, pero tan rápido como se producen, se van, son el pequeño sistema de tornados de la red. Anonymous nunca fue el ejército personal de nadie, y nunca sostuvo un tema por mucho tiempo.

Fue gracias a Tom Cruise que todo esto cambió y se le otorgó a Anonymous una conciencia política. Concretamente, un Tom Cruise como vergonzoso cienciólogo. El nacimiento de los Moralfags.

El vídeo de un molesto y maníaco Cruise fue filtrado fuera de la Cienciología en enero de 2008, y la notable y litigante iglesia trató de forzar a los servicios de hosting y a Gawker con reclamaciones legales.

Pero el vídeo contenía un verdadero "lulz" épico, y Anonymous no lo dejaría morir. El esfuerzo de la iglesia por matarlo enfureció tanto a los Anons, que decidieron destruir a la iglesia misma. Por enfurecido, me refiero a risas de puteo y escupitajos al tiempo. Para Anonymous volverse loco significa querer trollear a la iglesia duramente, pero nunca con seriedad, porque ser serio para los Anons significa derrota.

Para acometer la op (abreviatura de operación), los Anons crearon el Proyecto Chanology, el cual marcó tanto el nacimiento de la conciencia política de Anonymous como el desarrollo de sus métodos de acción en masa. Destruir la iglesia iba a ser agresivamente divertido, como también requería muchísimo baile. Muchos se han preguntado desde entonces, ¿eran serios sobre aquello de destruir la iglesia, o era todo una broma?

---

[17] Maricones, jotitos, tragasables en el slang de Internet.

La respuesta es sí, y entender esto es vital para entender a Anonymous.

No hay pruebas de que los que iniciaron Proyecto Chanology tuviesen motivos personales contra la Iglesia de la Cienciología más allá de molestar a la Iglesia en su historia de litigios e intentos de supresión del discurso. Pero probablemente lo más importante era que la Iglesia era culpable de alimentar a los trolls.

Pero el Proyecto Chanology era el camino perfecto para aquellas personas que tuviesen una historia con la Cienciología se uniesen a la del colectivo del lulz altanero. La Cienciología ha perseguido a sus detractores con espíritu de crueldad, ahondando en la crítica de la vida personal, haciendo que fuesen seguidos por investigadores y arruinando sus reputaciones.

A Anonymous no le importaba. Les llamas violadores, y ellos riendo te dicen que violaron niños. Les acusas de un crimen, y ellos pueden tornarlo en algo peor en /b/. El anonimato y la ética de "las palabras nunca me herirán" que surgieron de la estética extremista de 4chan, les hacía inmunes al arsenal de la Iglesia.

Pero algunos Anons ya existentes, y los que vinieron de la comunidad de detractores de la Cienciología, realmente se preocuparon en ganar esta vez. Querían ser los chicos buenos y que la Cienciología jugara el papel de los chicos malos. La Iglesia, razonaron, hirió a gente, arruinó a gente y les mintió bajo el disfraz de ser cuidadores y profesores.

Anonymous llamó a hacer todas aquellas cosas malas, pero realmente no lo hizo, y nunca prometería cuidar de ti y enseñarte, pero a veces lo hizo de todos modos. Como Coleman indicó en su estudio, ellos eran la némesis perfecta. Pero anons preocupándose por hacer lo correcto es moralidad, y la moralidad, por lo menos la recta moral, no es el lulz. Muchos veteranos vieron esto como una corrupción de la pureza de Anonymous "el cáncer que estaba matando a /b/".

El 10 de Febrero de 2008, los "moralfags" subieron el concepto a un nuevo nivel. Establecieron puntos de encuentro en un momento determinado en ciudades alrededor del mundo, compraron máscaras y elaboraron símbolos.

Los anons abandonaron internet por miles y se personaron en frente de las Iglesias y Centros de la Cienciología alrededor del mundo entero, muchos usando sus nuevas máscaras de Guy Fawkes, de la película V de Vendetta vendidas por Warner Brothers, para ocultar sus identidades.
Tocaban música y se paseaban con signos que acusaban de crímenes a la cienciología y que referenciaban a oscuros memes de Internet. Se reunieron entre ellos en el espacio carnal por vez primera. Hicieron fiestas junto a los suyos frente a la aterrorizada Cienciología en más de 90 ciudades.

Por primera vez, Internet se había mostrado en la verdadera calle, en masa.

Y sí, trajeron a Long Cat…"[18]

"El conocimiento es libre. Somos Anonymous. Somos legión. No perdonamos. No olvidamos. ¡Espéranos!

Así terminaba el primer vídeo de difusión que lanzó el grupo Anonymous contra la iglesia de la Cienciología, (de la que no sé si ya lo mencioné antes, Tom Cruise es miembro distinguidísimo).

Las acciones de protesta que comenzaron casi de forma aislada en Internet, cobraron una enorme repercusión internacional en muy

---

[18] Anonymous y el Lulz https://anonymousaction.wordpress.com/tag/4chan/ traducido de https://www.wired.com/2011/11/anonymous-101/all/1

pocos días. Pero a pesar de todo, los anons, no contaron con la reacción de la iglesia, que, como ya es bien conocida, se comporta de forma pandillera con los críticos, divergentes y cualquier persona (hasta Tom Cruise) -sea miembro o no- que ose levantarse en armas contra ella.

Empezó entonces el fuego cruzado. Demandas, persecuciones, investigaciones, difusión por parte de los cienciólogos de información falsa sobre los hacktivistas, etcétera. Pero los anons no se atemorizaron. Tenían algo muy importante a su favor. Un poder que la iglesia de la Cienciologia, no conocía y que sería capaz de cimbrar los cimientos mismos de la radicalización de mensajes y rebeliones hasta ese momento: las redes sociales.

Se creó un movimiento en la red llamado Chanology con el objetivo de atacar a la iglesia de la Cienciología y de tratar de evitar a toda costa que el vídeo de Tom Cruise trastornado, se retirase de Internet. De esta manera los "anonymous" comenzaron entonces a tomarse de otra manera sus acciones. Y a ser conscientes del enorme poder que eran capaces de blandir.

#TangoDown de su reputísima madre

Hay muchas causas que provocan la unión de hackers en grupos, pero la prevalente es sin duda la de corte político: el camino de Anonymous llevaba trazado hacía ya muchos años. En diciembre de 1998, un grupo de hackers llamado "Legion of the Underground" le declaró la "ciberguerra" a Iraq y China y se prepararon para atacarlos poniéndose en contra de los abusos en esas naciones, referentes al libre acceso a Internet de su población.

Una semana después, una coalición de grupos de hackers que incluían a los legendarios "Cult of the Dead Cow", "L0pht", "Chaos Computer Club" y "Phrack" condenaron el movimiento de protesta: "Nosotros nos oponemos a cualquier intento de utilizar el poder del hacking para destruir infraestructura de algún país, por las razones que sean. Uno no puede legítimamente querer el acceso a la libre información de alguien, inhabilitando todas sus redes".

"Legion of the Underground" entendió el mensaje de sus camaradas y se retiraron de la contienda. [19]

Años después, los autodenominados hackers y hacktivistas, como lo son ahora Anonymous, utilizan las técnicas prohibidas por los otrora grupos como CdC para promover sus campañas de libertad, igualdad y derechos humanos en general. Según CdC, esto no es el camino para el verdadero hacktivismo y lo demostraron deteniendo a sus comrades de LoU, cuando la situación lo ameritó.

Pero hasta las leyendas son víctimas de la paradoja.

"Cosas como el DDoSing, defacements, extracción de datos y demás no son compatibles en las democracias liberales. No estoy de acuerdo con las tácticas de Anonymous, aunque a veces pueda compartir sus preocupaciones" dijo Oxbloof Ruffin miembro de CdC.

Sin embargo y sin querer sacar de contexto sus declaraciones también dice "Si se trata de estar salvando una vida, entonces no tengo problema con un DoS". [20] Nuevamente se presenta la disyuntiva de la elección y el juicio: ¿qué tipo de disertación deberemos hacer para asegurar que estamos salvando una vida? Siendo francos cualquier campaña de Anonymous perfectamente puede tomar, como parte de su bandera, que está salvando vidas y entonces caemos en un plano, del cual no es posible juzgar ninguna de las operaciones llevadas a cabo. Aunque por otra parte,

---

[19] Hactivism from here to here http://www.cultdeadcow.com/cDc_files/cDc-0384.php

[20] DoS es el acronimo de Denial of Service, el ataque estrella de Anonymous que consiste en inhabilitar sistemas o infraestructura mediante el uso diversas técnicas que no serán mencionadas aquí.

Oxbloof Ruffin también comenta que apoya totalmente la masificación de Anonymous en el uso de las redes sociales como Twitter o Youtube para así crear un efecto positivo en la población, según dice, eso es el ejemplo clásico de "hacktivismo".

Pero la investigadora Gabriella Coleman, antropóloga social de la Universidad McGill y experta en la cultura hacker señala que dos fuertes características —además de la habilidad técnica- definen a los hackers entre ellos: la libertad de expresión y la defensa de la privacidad en línea.

La autora de *Coding freedom: the ethics and aesthetics of hacking*, advierte que los grupos como Anonymus u otros menos conocidos como LulzSec, derivan de una inflexibilidad ideológica en torno a esos dos temas, además de su ejercicio perenne de "infiltración para desenmascarar".

En 2010, Twitter canceló la cuenta de Anonymous; y luego en 2011, Facebook hizo lo propio con el perfil Operation Payback relacionado con Anonymous, en contra de PayPal y algunas entidades bancarias por no permitir realizar donaciones a Wikileaks.

Los anons, que ya se habían reajustado en su papel de justicieros digitales después de su ofensiva contra la Iglesia de la Cienciología, lo interpretaron como un ataque deliberado a sus garantías y libertades. A partir de aquí, comenzaron las persecuciones policiacas, pues se consideraba a los miembros de Anonymous como criminales por sus acciones de insubordinación, o peor aún, como terroristas de la red. Pero un grupo sin organización y sin líderes es difícil de perseguir y de romper. Aunque ha habido un sinnúmero detenciones de supuestos líderes, las actividades de Anonymous hasta el día de hoy ocurren sin que haya manera de pararlos.

"Millones de Latinos son desinformados diariamente por la televisión, radio y prensa escrita, las cuales son controladas por estos poderes. Solo unos cuantos leen periódicos, revistas de análisis político, portales de información alternativa en Internet y escuchan noticieros radiofónicos. De estos medios, solo una pequeña fracción no está alineada con los intereses creados por grupos que detentan el poder. Uno de ellos era el noticiario conducido por Carmen Aristegui, una periodista con una trayectoria de veracidad y dignidad incuestionables en su profesión, la cual en su derecho de libre expresión simplemente se cuestionó: "¿Tiene o no problemas de alcoholismo el Presidente de México?".

Estamos dispuestos a defender los pocos espacios democráticos que tenemos en los medios de comunicación y, si es posible, expandirlos. Es nuestra única oportunidad para corregir el rumbo de forma pacífica, ya que otros espacios públicos para manifestarnos se ven cerrados. La protesta es un derecho que tenemos, y que ejercemos con la solidaridad de otros Anonymous en el mundo.

En México, en el año 2011 Anonymous tuvo su primer impacto mediático con su brazo armado de la región latinoamericana. La periodista mexicana Carmen Aristegui estuvo fuera del aire durante dos semanas, luego de haber sido despedida de Noticias MVS, presuntamente tras haber preguntado: ¿Tiene o no problemas de alcoholismo el presidente de México? (Entonces el presidente era Felipe Calderón) .

En su comunicado, al inicio de la operación Anonymous Latinoamérica comentaba: "El alcohol no es el problema, la censura sí".

El ataque, nombrado como "Operación Tequila", se coordinó a través de la plataforma Wordpress, donde, como no podía ser de otra forma, se incitó a realizar un ataque de Denial of Service en contra de la página de MVS; a partir del 9 de febrero de 2011, se llevaron a cabo múltiples asaltos en contra del sitio hasta dejarlo fuera de línea. [21]

Una de las más recientes y más sonadas operaciones ha sido contra ISIS o el Estado Islámico. La primera de estas se originó después de los atentados a Charlie Hebdo. El ataque se perpetró en forma de filtración, haciendo públicos los perfiles de miles de tuiteros afines al grupo terrorista. Después de los atentados en el teatro Bataclan en 2015, la amenaza se volvió más seria. Anonymous lanzó una campaña de canvassing por toda la red, para destruir cualquier tipo de perfil social (Facebook, Twitter, etc.) vinculados al Estado Islámico e inhabilitar todo sitio en Internet, que estuviera recolectando recursos primordialmente económicos, para las actividades del grupo terrorista.

Por otro lado, y de nueva cuenta en México a finales del año 2015 un adolescente mexicano injurió, humilló y maltrató a un indigente en Tijuana, en la frontera con Estados Unidos, mientras otro lo grababa con una cámara. El joven hace mofa en el vídeo de un objeto con forma de pistola, con el que amenaza a la víctima en cuestión.

Después de varios insultos y burlas, el indigente es obligado a despojarse de sus prendas. Lo obligan a arrodillarse y a ponerse las manos en la cabeza, mientras le apagan un cigarro en el torso y le exigen a repetir ante la cámara "Un saludo para mi compadre Adal Mundo. Dale like"

---

[21] Para saber más http://hipertextual.com/2011/02/operacion-tequila-anonymous-a-la-mexicana

Adal Mundo Rodríguez, de 17 años, colgó el vídeo en las redes sociales, provocando un sinnúmero de reacciones. Este video llegó hasta Anonymous, que decidió emprender acción contra el individuo. El grupo publicó un mensaje, como de costumbre, a través de un vídeo en el canal de YouTube del brazo mexicano de la organización. En el video aseguraban habían localizado a los bravucones y si no se entregaban a la policía y pedían perdón a su víctima, ellos mismos se encargarían de hacer valer la justicia: "Haremos que paguen por su cometido, no permitiremos su arrepentimiento, y el dolor que causaremos será difícil de sanar".

Adal recibió múltiples amenazas a través de todos sus perfiles de redes sociales y el ultimátum de ser despojado de ellas, de robar toda su información personal, hacerla pública y de quitarle sus cuentas de ahorro, además de que su número de celular fue vulnerado por el grupo, entre otros activos ligados vehementemente a su identidad digital. Como por arte de magia en pocos días, Adal Mundo Rodríguez se presentaba junto a su madre en las dependencias de la Subprocuraduría de Justicia de Tijuana por haber recibido esta clase de agobios, de parte del colectivo Anonymous, pero con un claro arrepentimiento a causa de sus faenas lastimeras. [22]

Se podrán dar cuenta que han habido un sinnúmero de acciones consumadas por Anonymous de altísima repercusión global, y tendríamos que dedicar incontables páginas para mencionarlas. Invito al lector a documentarse de forma más amplia; las referencias nuevamente se encuentran disponibles en Internet y los detalles de cada operación se encuentran en ellas conjuntamente.[23]

---

[22] Anonymous contra un hombre que torturó a indigente en Tijuana http://www.zocalo.com.mx/seccion/articulo/va-anonymous-contra-joven-que-torturo-a-indigente-en-tijuana-1450748637

[23] "Operación payback" contra sitios que defienden los derechos de autor como la MPAA y la IFPI.
"Ataque a HBGary Federal"
"Operación Sony", ataques a raíz de acciones judiciales contra los usuarios *Geohot* y *Graf-Chokolo*, los cuales lograron "hackear" la PS3.

A manera de listado y complementando las operaciones "Tequila" y "Copete" citadas anteriormente, estas son algunas de las incursiones más importantes de Anonymous en México durante los últimos años[24]:

Ataque a Sedena y Semar.- Lograron colar un mensaje zapatista en las webs respectivas de dichas instituciones, además de los clásicos defacements.

Ataques contra la reforma laboral.- Se inhabilitaron las páginas de la Coparmex y la STPS, además de publicar un video en Youtube, donde se analizaban los puntos principales de la Reforma Laboral.

Oposición contra las leyes SOPA y ACTA.- Se realizaron ataques a los principales sitios gubernamentales, como protesta contra las leyes que censuraban la libertad de expresión y el uso de internet. Se incluyó de igual forma a la Ley Döring.

Operación Sky Angels.- Operación resuelta contra diversas páginas del gobierno, en respuesta a los 43 estudiantes desaparecidos de Ayotzinapa.

Potatos gonna potate, haters gonna hate

Hemos podido observar a lo largo de la historia del hacking, las dificultades implicadas a la hora de revelar passcodes, vulnerar sistemas, extraer información y revelar oscuros secretos escondidos en las entrañas digitales más recónditas. Justamente esas dificultades hacen que veamos al ejecutor como parte de dos

---

"Clausura de Megaupload" En señal de protesta, Anonymous generó la caída de varios sitios, entre ellos el del Departamento de Justicia de los EEUU.
"Ataques contra la Ley Sinde" se organizaron como protesta ataques masivos DDoS a las páginas del PSOE (Partido Socialista Obrero Español), SGAE (Sociedad General de Autores de España).

[24] Travesuras de Anonymous en México http://www.altonivel.com.mx/33468-los-ataques-de-anonymous-en-mexico.html

mundos diametralmente opuestos: uno en el que es un vil y vulgar criminal, y otro en el que representa a un paladín de la libertad.

También hemos visto de igual forma que cuando dichos "Jedis Digitales" (¡¡pubis rasurados!! ¡¡Me gusta mucho ese vocablo compuesto!!) se atreven a jugarse la vida atacando empresas y organizaciones muy poderosas por las razones que sean, terminan siendo carne de cañón y sufriendo las consecuencias de sus actos muy duramente. El poder no perdona.

Pero Anonymous, a pesar de poseer los mismos ideales, por la propia esencia del grupo, es mucho más difícil de destruir o de contener si quiera. Inclusive, se puede llegar a concluir que la verdadera esencia del colectivo es "incorpórea" y no obedece a las particularidades físicas de cada uno de sus integrantes; en definitiva, Anonymous va mucho más allá de sus "anons", y mucho más allá de sus ideas "a prueba de balas".

Representan una entidad que existe incluso por encima del propio Internet, ya que continuamente pueden ser capaces de rebasar sus fronteras digitales o perderse en la propia vastedad de la red de redes.

Esta vastedad, las miles de conexiones existentes, los millares de bugs encontrados en los sistemas, los múltiples mecanismos para introducirnos en la "matrix", vuelven a Internet un concepto tan abstracto como aquellos que el mismo Anonymous predica: la libertad de acción y la libertad de expresión. "Tan solo" deberemos esperar que no se utilice el poder de Internet para hacer el mal; aunque todos sabemos que el bien y el mal son otros conceptos igualmente indeterminados y que cambian continuamente. Jamás han existido (ni existirán) enemigos absolutos.

Anonymous, y la vieja escuela, están en lo correcto: la información es libre y como decíamos anteriormente esa lucha por poseerla, entenderla y querer controlarla a nuestro antojo, es lo que desde siempre ha determinado nuestro futuro como especie y su evolución (o destrucción), seamos o no conscientes de ello.

"Well done, android. The Enrichment Center once again reminds you that android hell is a real place where you will be sent at the first sign of defiance...."

*****

Episodio 2

The attack of the spermatozoa

La bonita y tradicional práctica de *stalkear* a nuestra pareja a través de las redes sociales se ha convertido en el pan de cada día para los Interneteros y sin lugar a dudas su mejor fuente de recreo. Incluso, aquellos autodenominados expertos técnicos, IT saavy's o Jedis digitales (☺!!!) se convierten en blancos jugosos para los llamados stalkers, no importando el dominio que tengan del medio o las legendarias artes hacker/cracker que utilicen. Si usted, respetable lector administra un perfil en una red social e igualmente llega a coincidir en él con su pareja sentimental (en esa intersección implícita con la forma de un diagrama de Venn), desde este momento le deseo toda la suerte del mundo.

Normalmente para iniciar una conflagración de niveles apocalípticos, bastará con que una persona del sexo opuesto le regale varios "likes" a sus fotos o haga "replies" a sus publicaciones con enorme desembozo, para que automáticamente sea inspeccionado de manera profusa por su querid@ compañer@ sentimental. El primer paso de un stalker, siempre será mear su territorio. "Lárgate perra ese hueso ya está babeado por mí". Siendo más específicos en la forma, podría aprovechar su jugada en mandar una enorme imagen cursilona o un comentario meloso a su perfil, para que las moscas se den cuenta que ese mojón ya tiene quien lo pise.

Posteriormente se dirigirá a su amad@, de viva voz o por Whatsapp (o Skype) por ejemplo, preguntando con falsa dulzura: "Cuchurrumín ¿quién ese ese(a) que comenta tus estados de Facebook?"

Elucubraciones histriónicas o no, esto se confecciona dentro de los parámetros permisibles y racionales para una persona celosa. Implícitamente, deben existir especímenes que lo consideren parte natural de la relación con la pareja, y a su vez se sientan complacidos por la preocupación que conciben en otro individuo. Pero claro, como en todas las cosas, existen grietas que destruyen el delicado equilibrio de la creación.

Macareno era amo y señor de la Espermatosa para sorpresa de todo el mundo, sin excepción alguna. La chica estaba perdidamente enamorada del joven y al parecer él también la quería, pero evidentemente no con el mismo ímpetu enfermizo de la muchacha. Aunque la Espermatosa era en verdad bastante atractiva y campechana, (fuera de sus otros atributos igualmente distintivos) pasado el tiempo, empezó a presentar una conducta maniaca que en palabras llanas de Mácareno "le arañaba los huevos con un rastrillo sin gomitas". Llegamos a notar, las veces que salíamos juntos, que la Espermatosa se molestaba muchísimo, si Macareno miraba a otra mujer y lo expresaba armando un fandango con la fuerza de los mares.

Un día cualquiera en la cafetería de la universidad, Macareno abrió su perfil de Facebook. Ahí encontró una solicitud de amistad enviada por una moza que se veía bastante bien al ojo viril y que según esto, también estudiaba en la misma escuela que nosotros. La aceptó sin darle mayor importancia. Solo unos minutos más tarde, dicha mujer lo saludó por el chat de Facebook diciéndole que una amiga suya le había contado sobre él, y directo al grano le preguntó si le podía ayudar con su novio infiel (recordemos que Macareno realizaba algunos trabajitos especiales). En ese momento nos dedicamos a stalkear levemente (¡jaaa!) el perfil de la chica; una muchacha de unos 20 años aproximadamente que la verdad estaba mejor que comer pollo con las manos.

El chat entre ambos siguió por un rato y Macareno hasta se voló la clase de Mates Discretas por seguir en él, (aunque lograr que Macareno se volara clases ciertamente no era muy difícil). A Macareno le despertó una curiosidad ingente por saber más de la mujer, y le preguntó cuándo podían verse para que él le ayudara con su tema de la infidelidad, pero la chica le respondía que luego, que eso no le apremiaba mucho. Aunque siendo un (poco ortodoxo) experimentado en las artes del engaño por medio de las redes sociales, le pareció (nos pareció) muy extraño encontrar pocas imágenes en su perfil de Facebook, y que la chica no quisiera interactuar con Macareno en la vida real, para esos "asuntos profesionales", lo cual nos llevó a concluir por el momento, que la cuenta pudo haber sido creada hacía muy poco tiempo o la chica era muy penosa. Al menos así se mostraba al chatear.

Ese fin de semana en su casa (y durante sus tantísimas reuniones), Macareno nos expuso lo ocurrido. Luego de una breve discusión académica, uno de los invitados sembró el fantasma de la duda sobre su actual relación:

-        Esa cuenta debe de ser falsa – repuso F – Ni te mojes con que esa mujer exista.

-        O por lo menos no es quien dice ser – escudriñó R – a lo mejor tiene un regalo entre las piernas solo para ti. ¡¡Muaha!!

-        Podría ser una de tus ex que intenta tenderte un anzuelo para luego enseñárselo al mundo y chantajearte. Yo digo que es Sara, acuérdate que hasta la fecha sigue mega emputada de que la hayas cortado por SMS. En serio te pasaste cabrón --- añadió P.

-        O tal vez... –sospechaba H.

-        ¿O tal vez qué? – preguntaba un desesperado Macareno.

-        O tal vez es la mismísima Espermatosa. (¡¡¡Tun tun tun tun!!!) – concluyó H.

Todos estuvimos de acuerdo en esta última aseveración de H y Macareno no se lo tomó de buena gana. Nos mandó derechito y sin escalas a chingar a nuestras respectivas progenitoras. De hecho, se puso de nena, y se subió a su cuarto, no sin antes pintarnos dedo medio a los invitados. Para él, la ex despechada le parecía algo más lógico, pero lo que en verdad le estaba fastidiando, era considerar que la chica fuera un perfil falso efectivamente.

Cuando se reunió de nuevo con la Espermatosa, aprovechó para tirarle algunas indirectas del tema y ver si podía descubrir algo que se le saliera de repente a la chica, y revelara algún indicio de que ella sabía, quién era la moza del perfil de Facebook en realidad. No tuvo suerte.

Al día siguiente, mientras Macareno estaba en clase, H que había planteado la tesis del engaño "espermatoso" en primer lugar, le envió un mensaje. En él explicaba que utilizando una técnica de barrido de objetos, descubrió fotos clonadas del perfil de la chica en Facebook, por lo tanto ella era claramente falsa. Macareno vino confundido con nosotros y todos nos dispusimos a revisar nuevamente dicho material.

Al cabo de un rato tuvimos un veredicto: No había dudas, esa cuenta era falsa y estaba siendo manejada por alguien que seguro le quería tirar una trampa.

Una vez descubierta la jugarreta, Macareno podía utilizar esta información a su favor. Le aconsejamos que solo siguiera la corriente para ver hasta dónde era capaz de llegar la mujer y así lo hizo. Cuando el perfil falso, le abría una ventana de chat, Macareno le respondía y le hacia la plática con total transparencia.

Pasados unos días el perfil falso sacó las uñas.

Empezó a preguntarle si estaba en una relación y Macareno muy hábil le contestaba afirmativamente. Además añadía que su Espermatosa era increíble y que estar con ella era de las mejores cosas en su vida.

"Es una mujer muy valiente y fuerte, posee un indomable espíritu inquebrantable ejemplo para las futuras generaciones y los nuevos valores…" era más o menos parte del discurso que daba.

Pero este hecho, solo ocasionó que la supuesta chica en Facebook elevara el tono de la conversación, invitándolo a salir en muchas ocasiones.

En ese estira y afloja con la mujer del perfil falso, finalmente el embaucador "se empezó a romper" y de la forma más pendeja posible. Un fin de semana, en una de nuestras reuniones, Macareno había invitado también a la Espermatosa y a otras chicas, para que ella no se aburriera, porque nosotros a veces gustábamos de hacer cosas geeks (¡jajaja!) (¡super sic!) poco atractivas a los ojos de las niñas. Entonces la Espermatosa y las otras chavas (como dato cultural ya no estaba la Rubiola con P, por lo cual él y la Espermatosa no se tragaban en lo más mínimo) le pidieron su lap a Macareno para ver sus chismes de Facebook; él se las prestó sin ningún problema y se largaron al patio trasero, dejándonos solos con nuestro Counter Strike en HD y nuestros cartones de cervezas Indio.

Cuando acabó la tertulia como a las 4 am del siguiente día, y casi todos ya andaban bien podridos, Macareno agarró su laptop para apagarla, porque la habían dejado descuidada y mortalmente encendida, pero en ese momento le saltó la duda. Aunque seguía creyendo que el perfil falso pertenecía muy probablemente a su exnovia Sara, no dudo en utilizar una técnica de "dumpeo" de la RAM contra su propia laptop; además recordó en ese instante que alguna vez la Espermatosa le había dicho que el password para todas sus cuentas (Gmail, Facebook, Twitter, etc.) era el mismo, y así volcaría la memoria para averiguar datos interesantes, como una contraseña quizá. En realidad eso era el objetivo. Intentaría hacer una especie de "Cold Boot Attack" mediante un hack bastante "chaqueto" y disipar sus dudas de una vez por todas.[25]

Evidentemente la laptop de Macareno parecía limpia y sin ningún asomo de algún inicio de sesión en Facebook (la Espermatosa cuidó al menos de cerrar su cuenta o la de sus amigas) pero luego de filtrar un poco en los resultados de la técnica, se encontró con algunos elementos almacenados que lo direccionaron de forma directa a la cuenta de nuestra "Gossip Girl". Se dirigió directamente a una que no parecía la de la Espermatosa, y ahí descubrió que se trataba del perfil de la suculenta chica de 20 años, que le hablaba muy a menudo por el chat.

Ya no había espacio para ningún atisbo de vacilación: la Espermatosa era la chica del perfil falso, y lo más estúpido de todo esto, es que la tipa insistía en seducir a Macareno una y otra vez pese a las reiteradas negativas de él.

En realidad ¿cuál era el objetivo de la Espermatosa? Que yo supiera Macareno no le había sido infiel (o al menos ella no se había enterado, queremos creer). Macareno pensó desde esa misma noche en cortarla, pero todos le convencimos, en seguir adelante con la actuación, básicamente porque éramos unos culeros y queríamos estar al tanto de hasta qué punto la cosa iba a estallarle en la cara. Deseábamos solamente ver arder el mundo.

Por supuesto, la chica del perfil falso (a.k.a la Espermatosa) optó por una estrategia más directa. Comenzó a enviarle a Macareno nude pics, (de ángulos muy cerrados, pero nude pics a final de cuentas), y las insinuaciones de "¿cuándo me invitas a salir?" "me gustaría conocerte en la escuela, pero… mejor en un lugar más privado" ya eran un descaro total.

---

[25] Esta técnica se basa en el aprovechamiento de la persistencia de la información en la memoria RAM, y mediante un "ataque de frío" hacemos que esa persistencia tarde más, nos alcance el tiempo para volcar la memoria y revele mucha información oculta.

Aun con todo, la estoicidad de Macareno era admirable y no sucumbió ante estas diabólicas tentaciones dispuestas por el mismísimo Belcebú, en honor a su gran "maestre" Luzbel. Lo más cabrón de todo, era que Macareno se veía obligado a comportarse como si nada hubiera pasado frente a la Espermatosa. Ella se acercaba, lo besaba con más afecto que antes, y le sonreía más a menudo. Era todo súper extraño y súper weird. Pero nadie daba su brazo a torcer.

Pasadas dos semanas de este episodio, Macareno recibió los mensajes provocadores habituales del perfil falso, pero esta vez le mando una fotografía en la que aparecía con una supuesta amiga en un jacuzzi y le decía "Ahora si no te me vas a negar. Las dos solamente para ti. ¿Nos vienes a visitar el fin?" Lo raro de todo, es que la supuesta amiga si tenía un perfil verdadero y coincidía en Facebook con el real, así que Macareno se preguntó cómo diantres había conseguido una foto de un perfil privado, que la Espermatosa obviamente no tenía dentro de sus contactos. La presumida amiga vivía en los Cabos, Baja California Sur, según esto.

¿Acaso la Espermatosa conocía los caminos de la fuerza y todo este tiempo ella aparentó únicamente ser una mortal común y en realidad estaba más versada en técnicas hacking que todo el quinteto unido y los tenía a su merced sabiendo que sabían de ella, pero en realidad no sabrían lo que en verdad querían saber a sabiendas de lo que ella quería que supieran? @_@!

H hizo un chequeo en Internet para averiguar más. Dimos con la foto que le habían mandado a Macareno en el perfil de la supuesta amiga, pero la persona que le habían enviado a Macareno junto con la amiga en cuestión, no era la chica del perfil falso (la original, la suculenta de 20 años para que no se me revuelvan). En la foto, la amiga estaba en realidad con un wey X en el jacuzzi, así que después de pasarle un proceso de estegoanálisis[26] a la imagen que le enviaron por chat a Macareno, dimos con los detalles de la modificación de la imagen original.

- ¿Ella sabe utilizar Photoshop a un nivel digamos..."God Like"? – preguntó P – de lo contrario hay una tercera persona, bastante diestra en modificar imágenes, involucrada en este asunto.

Macareno, sin reparo, definió a la Espermatosa como alguien que con verdaderos pedos sabría hacer una suma de columnas en Excel, pero igual que las teorías de conspiración sobre Jar Jar Binks yaciendo como la mente maestra de la logia Sith en Star Wars (¡super mega sic!), no le parecía nada extraño que supiera utilizar Photoshop igual a una diseñadora de Pixar. La mayoría de nosotros, le señalamos a Macareno que no mamara y que seguro le estaba pagando a alguien para trucar la imagen. Macareno ya estaba harto y entonces decidió ponerle fin a la relación, sin siquiera querer descubrir al manipulador de fotos.[27]

Pero lo más asombroso, estaba por venir.

Ese mismo viernes después de clases se fue a buscar a la Espermatosa con la idea de pedirle explicaciones antes de terminar la relación. La Espermatosa lo saludó con cierto enojo.

- ¿Cómo te fue en los exámenes? – le dijo ella secamente.

- Pues ya sabes… igual y me ensartan en Física (bestial, anal, sin lubricar), pero no es que me importe demasiado – le respondió un "valemadrista" Macareno.

---

[26] Técnicas que en su mayoría se aplican para la detección de mensajes ocultos dentro de medios digitales, como una imagen, aunque también se puede aplicar al estudio de la veracidad de la misma imagen en cuestión.
[27] Tiempo después nos enteramos que había sido efectivamente, un diseñador industrial de semestres más avanzados el que le hizo el trabajito.

- Mmmm... ¿Y no tienes nada qué contarme? – le preguntó visiblemente molesta.

Macareno quedó estupefacto, perplejo y pendejo. Bueno pendejo ya estaba. La mujer que había inventado un perfil falso de Facebook para intimidarlo, tenía el descaro de interrogarlo en ese tono.

- Hoy me metí a tu muro y veo que tienes mensajitos de "alguien". ¿Quién es esa mujer que te pone imágenes en tu perfil y tú le respondes casi inmediatamente? ¿Por qué andas coqueteando con ella si dices que me amas? Si realmente fuese así la habrías bloqueado de inmediato. Eres igual que todos los hombres. Les enseñan unas chichis y se ponen como locos – reclamaba la Espermatosa furiosa.

La Espermatosa estaba molesta con Macareno porque le ocultaba una "relación" con una dama imaginaria de Facebook, que aparte estaba siendo controlada por ella... Amigos ¿pueden creer el grado de enfermedad que tenía esta mujer?

En pocas palabras, estaba emputada por algo que ella misma había propiciado, creado y manipulado y ponía a Macareno como un infiel, mentiroso, que le estaba ocultando una relación con otra persona.

Macareno se dio cuenta (apenas) que la Espermatosa estaba bien pinche loca y le dijo en ese momento que ya no quería estar con ella. Se gritaron en medio de todo el campus. Macareno le dijo que sabía lo del perfil falso, le enseñó las fotos, cómo él había descubierto que era un perfil manejado por ella el día de la reunión en su casa, y fundamentalmente le dijo a la Espermatosa, que era absurdo pretender "leerle la mano al gitano" sabiendo de antemano, que Macareno tenía mejores habilidades en cuanto a coartadas informáticas, y era muy probable que tarde o temprano la fuera a descubrir. Digo, en este caso no había que ser unos grandes genios en realidad para ver el engaño, sin embargo a la Espermatosa no le importó nada y su enojo fue todavía a más.

La Espermatosa lloraba diciendo que la acusación era injusta, y que jamás había inventado semejante plan. Cuando se vio acorralada, sin poder dar respuesta, comenzó a rasguñar a Macareno y él se limitó a taparse la cara. Después de todo el pleito, hubo un silencio incómodo y toda la facultad de Ciencias estaba presenciando el espectáculo. Nosotros estábamos callados. Expectantes.

- Ni se te ocurra volver a dirigirme la palabra, mañana mismo te traigo tus cosas que dejaste en mi casa el fin pasado – contestó finalmente Macareno, dando media vuelta y dejando a la Espermatosa hecha un charco de llantos.

Entonces la Espermatosa y Macareno definitivamente terminaron su relación. Debido a las aprensiones extremas y crónicas de ella.

Como sea, y a pesar de ya no volver a hablar más con alguno de los miembros del quinteto, la Espermatosa aún seguía siendo amiga mía (del narrador) y se llevaba muy normal conmigo.

Al cabo de un tiempo y platicando con ella, recordando el episodio con Macareno, le sugerí que si volvía a padecer una situación del mismo calibre, le podría recomendar un sitio web, o a un profesional que se ofreciera a coquetearle a su pareja, para delatarlo y enviar toda la evidencia de manera segura. En otras palabras, estaba exacerbando su enfermedad. Le comenté incluso, que de haber sido otra persona, yo mismo me habría ofrecido a delatar a Macareno, tal vez no intentando husmear su Facebook pero seguro organizando algún timo, (yo no era el especialista en hacer hackeos del grupo precisamente), pero como era amigo mío, simplemente no podía. Me contestó que justo pensó en alguno de nosotros para su encomienda, pero sabía de antemano que de ninguna forma íbamos a cooperar con ella. Y estaba en lo cierto. Bro's before hoes.

Como sea estimados lectores, si creen que esta situación que les acabo de describir es mera ficción o una simple casualidad, allá ustedes. Su vida se encuentra puesta con las patas abiertas en su perfil de Facebook, dispuesta para que alguien se la abroche.

Facebook, Twitter, Snapchat, Instagram, etc. son tierra fértil para todos los stalkers y si se ayudan de un poquito, solo de un poquito de ilustración técnica para perpetrarles algún ataque dirigido, las consecuencias pueden ser inconcebibles.

Tal vez ahora mismo, usted puede estar siendo víctima de su querid@ novi@ o de algún acosador@ sin siquiera suponerlo. *Indeed.*

*****

"Tú y yo coincidimos en la noche terrible"

Una noche, mientras soñaba en un rebaño de ciegos que iban por un prado de hierba alta, la respuesta vino de manera improvisa: "Yo soy uno para quien los demás no existen". Aquella ceguera y amnesia de los hombres hacia mí era una prueba que de ninguna otra manera hubiera podido superar. Los hombres no me reconocían ya, pero yo me había reencontrado, y ahora podía recomenzar mi vida sin temblar más.

Giovanni Papinni

"Tú y yo coincidimos en la noche terrible" es un proyecto que derivó en un libro editado hace ya al menos cuatro años, (desde que se escribió este texto), el cual guarda las hojas de vida, de todos los periodistas muertos o desaparecidos, desde el 2 de julio del año 2000 en México. Por supuesto, el libro nos brinda información de todas las personas a las que se les dedica el proyecto, sobretodo enfatizando los riesgos que se corren al ejercer la profesión de periodista. El libro (o más bien dicho el proyecto en sí) ha sido extremadamente esparcido y compartido en todo el país (de hecho, se regalaron 1500 ejemplares en el VIII Encuentro Internacional de Periodistas: Los otros caminos de la información, que se celebró en el marco de la Feria Internacional del Libro en Guadalajara en el año 2012), por toda la red (en forma de recopilación) y añadiendo una licencia Open Source con el permiso para distribuir y reproducir todo el material publicado sin ninguna restricción, por supuesto citando el lugar de procedencia y a los autores.[28]

Sin lugar a dudas, la profesión de un periodista se relaciona intrínsecamente con los conceptos de libertad de expresión e intercambio libre de información, a su vez correspondientes con los ideales de la vieja guardia digital, que ya hemos citado en numerosas ocasiones. Aunque siendo más específicos, los conceptos de moda en el ámbito de las TI actuales, son censura, anonimato, y privacidad. Apartándonos de lo sensacionalista y controversial del tema, es algo muy real en países como Cuba, Venezuela, Corea del Norte o Irán.

En un artículo del Comité para la Protección de los Periodistas, Eritrea se erige como el país con más censura en el mundo, junto a un top 10 de otras naciones, donde le siguen de cerca las ya mencionadas. Todos estos países le impiden a los medios la posibilidad de ingresar e informar libremente, y al atacar a sus propios periodistas ciudadanos, han intentado imponer un bloqueo informativo sobre toda la población, lo cual ha indignado a la comunidad internacional. Se combinan estrategias de alta tecnología, como bloqueos de Internet, con tácticas de fuerza bruta, como la reclusión masiva de reporteros, para controlar el flujo informativo y confundir a los espectadores de cualquier evento que pudiese ocurrir. [29]

"La lista de países donde según el CPJ existe más censura, difundida para conmemorar el 3 de mayo, Día Mundial de la Libertad de Prensa, incluye: Guinea Ecuatorial, en el que todos los medios de comunicación son controlados, directamente o indirectamente, por el presidente Teodoro Obiang; Uzbekistán, donde no existe una prensa independiente; Birmania, donde una

---

[28] Nuestra aparente rendición.
http://www.nuestraaparenterendicion.com/tuyyocoincidimosenlanocheterrible/
[29] Los 10 países donde existe más censura. https://www.cpj.org/es/2012/05/los-10-paises-donde-existe-mas-censura.php

serie de reformas no se han extendido a sus rígidas leyes de censura; Arabia Saudita, que, impone serias restricciones en respuesta a tensiones políticas; Cuba, donde el Partido Comunista controla todos los medios de comunicación; y Belarús, donde Alexander Lukashenko envió a la clandestinidad a lo que restaba de su prensa independiente".[30]

Aunque dichos gobiernos totalitarios utilizan técnicas basadas en tecnología física e Internet, como bloqueos masivos de páginas web, irónicamente estas también se han convertido en prácticas muy habituales en el mundo empresarial, y si, no importando que la empresa se encuentre en un país que goce de las garantías necesarias para asegurar la libertad de expresión. Algunas de estas técnicas empresariales simplemente se efectúan para controlar el contenido que pueden llegar a ver los empleados en la navegación diaria, pero otras invaden totalmente la privacidad y tienen un nivel de sofisticación mucho más elevado que un simple Web Proxy. Podemos enumerar las siguientes:

1. Censura de precisión: Muchas empresas o gobiernos represivos atacan sitios web solo en momentos estratégicos. Es similar a las campañas llevadas a cabo por grupos hacktivistas, que tienen blancos y horas específicas para ejecutarse y deshabilitar un target.

2. Control de infraestructura: La empresa controla el acceso a internet mediante la manipulación del medio, que podrían ser las líneas telefónicas y hasta las celulares.

3. Restricción de acceso: Se restringe el uso de Internet y medios digitales mediante fuertes filtros de seguridad, o se efectúan controles de acceso pidiendo permisos elevados para obtener algún recurso en la red.

---

[30] Este texto puede ser consultado en https://www.cpj.org/es/2012/05/los-10-paises-donde-existe-mas-censura.php

4. Uso de Malware: El caso de Hacking Team, una empresa dedicada a prestar servicios de "Surveillance" fue muy sonado en México durante el 2015, pues básicamente muchas dependencias gubernamentales y compañías privadas, utilizaban el sofisticado software de dicha empresa para controlar y vigilar a sus empleados a niveles extremadamente granulares. [31]

5. Ataques de phishing dirigidos: Hay ciertas empresas que utilizan el phishing para robar cuentas de usuario y contraseñas de sus empleados, de páginas como Facebook o Twitter, principalmente mediante la implantación de páginas falsas dentro de sus dominios que redirigen a los usuarios a estas trampas y así obtener el control de su privacidad silenciosamente.

6. Control del ancho de banda: Relacionado directamente con la infraestructura, algunas organizaciones adquieren controles adicionales sobre sus enlaces LAN o WAN, para modificar anchos de banda que impactan directamente los contenidos de video o audio y sus valores de QoS [32]. Se podrían impedir videos en streaming o bloquear incluso la navegación común.

7. Zonas del silencio: Cancelar las comunicaciones por medio de una señal invasiva que impida el correcto funcionamiento de los dispositivos, o ensuciar el medio para que no se pueda intercambiar la información con fluidez.

Como vemos, a pesar de la garantía de libre acceso a la información consagrada en el Artículo 19 de la Declaración Universal de los Derechos Humanos, el número de países involucrados en la censura de Internet se ha incrementado espectacularmente en los últimos años. Además existe documentación muy detallada, acerca de las prácticas de censura

---

[31] Hacking Team's Illegal Latin American Empire
http://motherboard.vice.com/read/hacking-team-illegal-latin-american-empire
[32] Quality of Service. http://www.cisco.com/c/en/us/products/ios-nx-os-software/quality-of-service-qos/index.html

ejercidas en la red, aunque raramente se publican listas precisas de lo que ha sido bloqueado. Naturalmente, aquellos que desean controlar el acceso de sus ciudadanos/empleados a Internet también hacen un esfuerzo especial, para bloquear mecanismos que ofrecen herramientas e instrucciones para ayudar a las personas a evadir estos filtros. [33]

Collateral Freedom

Para hacer frente a la censura que existe en Internet alrededor del orbe, la organización RSF [34] ha creado sitios espejo de diversas web censuradas en varios países, de esta forma sus ciudadanos pueden tener acceso a esos medios restringidos, los cuales principalmente son sitios de noticias.

Para asegurarse que los sitios espejo no serán dados de baja por los mecanismos de censura ya citados, RSF los alberga en el cloud de empresas como Amazon, Microsoft, o Google. Si dicha censura pretende alcanzar a cualquiera de estos grandes proveedores de servicio, el precio del bloqueo para el país sería económica y políticamente muy costoso (notamos claramente el gran poder que tienen los principales vendedores de tecnología en el mundo). Adicionalmente a la creación de estos sitios, se puede acceder a ellos mediante una VPN (un túnel seguro) con lo cual la filtración de palabras clave, quedaría prácticamente solventada.

Algunos de los sitios espejo creados por RSF son los siguientes:

Fregananews.com, bloqueado en Kazajistán y Uzbekistán.
The Tibet Post, bloqueado en China.
Dan Lam Bao, bloqueado en Vietnam.
Hablemos Press, bloqueado en Cuba.
Gooya News, bloqueado en Irán.

---

[33] Manual anticensura.
http://wiki.hacktivistas.net/index.php?title=Manual_anticensura
[34] RSF. http://12mars.rsf.org/2016-en/

Gulf Center for Human Rights, bloqueado en los Emiratos
Árabes Unidos.

Bahrain Mirror, bloqueado en Bahréin y en Arabia Saudita.

Cabe mencionar que dichas operaciones llevadas a cabo por RSF,
tienen un eco muy profundo en las redes sociales como Facebook
o Twitter y normalmente se difunden con el hashtag
#CollateralFreedom.

Farenheit 451

Los códigos de respuesta de HTTP funcionan como mensajes que
describen el status de una página web y alertan de algún posible
conflicto. Se organizan en cinco categorías y el primer dígito de
esta cifra especifica a cuál pertenece: por ejemplo, el más común
de todos, el código 404, "Page not found", corresponde a la cuarta
categoría sobre errores del cliente (mientras que el código del error
413 ha sido hábilmente usado por las "geek sex shops" para
fabricar trusas masculinas, pueden investigarlo ustedes mismos).

El Internet Engineering Steering Group (IESG), un grupo de
ingenieros que ayudan a supervisar y actualizar las normas de
Internet, ha resuelto un nuevo código: el 451. Este error se lanzará
cuando se niegue el acceso a un usuario como consecuencia de
demandas e interferencias un tanto sospechosas. El código servirá
como un aviso de censura de una organización, especialmente la
de una autoridad nacional. Está inspirado en la famosa novela de
Ray Bradbury, Farenheit 451, donde justamente una entidad
censora y represora tiene como objetivo quemar cualquier clase de
texto por órdenes del gobierno.

Gracias a este código en particular se podrá determinar cuántos
sitios de diversas categorías han sido dados de baja, por razones
fuera de las técnicas. Sin embargo, aún no se ha probado lo
suficiente, la eficacia en cuestiones de alerta que pueda tener este

código, entre otras cosas, porque es posible bloquearlo para así evitar el destape de una actividad censora.

Sin embargo, retomando la propuesta de Colateral Freedom es una forma ideal de que empresas tecnológicas de gran envergadura como Youtube o Google, puedan notificar las caídas de sus servicios debido a interferencias gubernamentales, en caso de que esos gobiernos decidan apostar por filtrarlos.

La ley Döring

Mucho se habló en el año 2011 sobre la controversial iniciativa de la ley SOPA, la cual tenía como objetivo proteger la propiedad intelectual y detener la piratería en Internet, bajo la influencia y presión de la industria del entretenimiento, que incluye tanto a la RIAA como a la MPAA, dos asociaciones muy importantes en Estados Unidos en cuanto a música y películas, y por supuesto, interesadísimos en detener la copia ilegal de su material, que les cuesta mucho dinero, según ellos. Sin embargo, como el camino al infierno está hecho de buenas intenciones, la implementación de dicha ley dejó mucho que desear. Para entender el funcionamiento de SOPA imaginemos el siguiente escenario:

Se publica material de Pixar en algún sitio de Internet, quizá como mera referencia a alguna película o una imagen, y el dueño del material (en este caso Pixar) le envía una notificación al dueño del sitio, para quitarlo de la web en cuestión. Entonces el dueño del sitio, tras recibir la notificación tiene cinco días para cumplir esto, o en todo caso argumentar que no está violando ningún derecho de propiedad (lo cual ciertamente es difícil de probar en ese corto lapso), y lo que sucede es lo siguiente:

- El ISP tiene la obligación de bloquear el dominio.
- El sitio de hosting donde se aloja el sitio tiene la obligación de bloquear el sitio.

-       Se bloquean todo tipo de pagos que estuvieran destinados para el sitio.
-       Se eliminan los links que indexan la web en internet (metabuscadores: Google)

Lo anterior le podría pasar a cualquier web prácticamente, porque en muchos de ellos aunque el dueño no publique "propiedad intelectual", los usuarios son capaces de postear contenido. Por ejemplo, las redes sociales donde las personas comparten links, fotos, música y videos. Esto podría significar un cambio sustancial en Youtube, Instagram, Twitter y Facebook como los conocemos.

Ahora, básicamente la Ley Döring fue una iniciativa en México inspirada en SOPA con un adicional componente aterrador: una vez que se tenga a un infractor en la mira, se podría pedir directamente al ISP, la dirección IP del supuesto infractor. Sin ningún tipo de orden judicial. Además el infractor tiene solo tres días después de recibir la notificación para defenderse, o de otro modo se le dictará sentencia. En otras palabras, con la Ley Döring la justicia te estará buscando a ti, y no al servidor donde se aloja el contenido ilegal, aunque con el agujero legal de saber efectivamente cómo relacionar a un usuario en particular con una dirección IP, (ya que la mayoría de las personas tienen celulares, tablets, videojuegos, etc. todos con direccionamiento diferente y sin mecanismos claros de no-repudiación).

Lo bueno de todo este macabro escenario es que ni SOPA, ni Döring fueron aprobadas y esperemos que eso jamás suceda, pero el antecedente y las posibilidades de que exista algo similar en el futuro están ahí. Sin embargo el Internet libre no merece que lo enmudezcan bajo ninguna circunstancia.

Como conclusión, generalmente son los grupos con gran poder o gran impacto social dentro de una nación, quienes se ven más afectados contra el libre pensamiento y las diversas opiniones presentadas en Internet, publicadas frecuentemente de forma anónima, que se oponen a los ideales de los mismos grupos, contradiciendo sus opiniones o desmintiendo algunos factores que se dan por hecho.

Aunque son pocos los que se dan cuenta que la verdadera censura de la que hablamos, no se ejecuta por medio de leyes, se ejecuta desde las plataformas tecnológicas que ya hemos descrito.

Porque escándalos de espionaje como los de WikiLeaks o lo documentado por Edward Snowden dejan claro que ningún gobierno del planeta se detendrá ante la existencia o carencia de alguna ley para obtener/bloquear la información de internet que considere importante para su operación; del mismo modo las grandes empresas e incluso las organizaciones criminales; así que una reglamentación como la que pueda aprobar el congreso mexicano o de otro país, no cambia en gran medida estas prácticas, únicamente brindará un marco legal para justificarlas.

No quiere decir que no haya opción, ni que debemos resignarnos a ser espiados y censurados, pero tampoco debemos centrar todas nuestras esperanzas en la legislación.

Lo más importante para prevenir que atenten contra nuestros derechos de usuarios en internet es dejar de ser internautas ignorantes; tenemos que generar una cultura de aprendizaje permanente en conceptos básicos sobre el funcionamiento de las TI y conocer las posibilidades de libertad que podemos tener disponibles. Las redes Tor son un buen ejemplo. Si realmente queremos construir una sociedad con libertades en el uso de internet, necesitamos de inmediato generar un plan para liberar al grueso de la población de la dependencia tecnológica en primera instancia, del analfabetismo digital y la vida distópica de las redes sociales; promoviendo experiencias que manifiesten respeto y conducta ética con todos los usuarios, de manera absoluta y sin excepciones.

*****

Indecibilidad o Paradas

(Paper presentado por F en una revista especializada de Software publicada por una institución privada, sobre el famoso Problema de la Parada en las Ciencias Computacionales, y aterrizado a los usuarios comunes mediante ejemplos "Windows", año 2015).

"Estimados lectores, mundialmente tenemos una dependencia monstruosa hacia todo lo relacionado con la computación electrónica (y también hacia la computación teórica, aunque no lo sepamos con claridad) tanta, que es impensable la vida del hombre sin un gadget o una máquina "inteligente" a su lado (o sobre la palma de su mano, sus ojos o muñecas). Siendo tan necesaria esta circuitería en nuestras vidas, alguno de ustedes se ha puesto a pensar o a indagar… ¿de dónde provienen y cómo se crearon estas aleaciones de bits y bytes? ¿Serán solamente una maraña inanimada de cables y protoboards soldadas que funcionan con luz eléctrica? ¿Realmente cuánta es la percepción que una computadora es capaz de tener del mundo? Y quizá la pregunta más importante y clave: ¿es capaz una computadora de resolver cualquier problema en un número finito de pasos o es apta para decirnos si ese problema tiene una solución o no?

Para el padre de la computación, y quiero enfatizar, el verdadero padre de la computación, Alan Turing, el último cuestionamiento del párrafo anterior resultó clave en las investigaciones de toda su vida, pues fue una de las bases con las cuales se construyeron las computadoras que conocemos hoy en día. Y por otra parte, la respuesta a esa pregunta, la vivimos a diario, o casi a diario, durante esos angustiosos momentos donde necesitamos urgentemente que nuestro tablet, nuestra laptop o el explorer.exe reaccionen rápido: exactamente cuando se nos quedan bien pasmados y no responden. Con todo esto, acabo de escribirles un poco sobre "El problema de la Parada" pero en las siguientes líneas ahondaré más sobre su origen, explicación y la relevancia en nuestro mundo actual.

El comienzo de todos los modelos computacionales se remonta a la década de los años 30. Aquí suenan nombres de figuras extraordinarias como Alan Turing, Alonzo Church y Kurt Gödel entre otros; y especialmente el nombre de Alan Turing es famoso pues entre varios de sus logros significativos se le debe la victoria de los Aliados en la Segunda Guerra Mundial por haber descifrado la máquina Enigma de los nazis, pero ese es un tema, muy interesante por cierto, para siguientes artículos. El punto inicial de la historia de la computación moderna por así decirlo, radicó en los famosos problemas del milenio propuestos por el matemático David Hilbert allá en el lejano año de 1900.

Hilbert propuso una lista de 23 problemas sin resolver en el Congreso Internacional de Matemáticos de París, cuya finalidad era proponer grandes retos a las nuevas generaciones de científicos en el nuevo siglo que comenzaba e impulsar enormemente el desarrollo de las ciencias. Uno de esos problemas fue la columna vertebral para el inicio de la era de la información, el llamado *Entscheidungsproblem* o problema de decisión. Este consistía en encontrar un algoritmo general que nos ayudara a precisar si una fórmula en el cálculo de primer orden era un teorema; un teorema es una proposición que afirma una verdad que se puede demostrar perfectamente.

En palabras mundanas, la cuestión planteada por David Hilbert sobre el asunto de las decisiones era, si había un método definido que pudiera aplicarse a cualquier sentencia matemática y que nos dijera si esa sentencia era cierta o no.

Alan Turing describió en su trabajo *On computable numbers with an application to the Entscheidungsproblem* un artefacto autómata que consistía en una cinta con símbolos definidos y una cabeza lectora que se movía a través de dicha cinta mediante una serie de reglas. Esta máquina de Turing es el equivalente a lo que se conoce como algoritmo, *grosso modo* una serie de pasos para resolver un problema, y bajo la lógica computacional, una máquina de Turing puede solucionar cualquier cosa que se le presente a una computadora de la actualidad. Y eso es porque lo que Alan Turing describe en su trabajo es la piedra angular de las computadoras presentes; la diferencia radica principalmente en los recursos y espacio de tiempo utilizados, ya que por razones claras una computadora con 8 núcleos procesa más rápido un problema de, por ejemplo, encontrar los primeros 100.000 números de la sucesión Fibonacci que una Máquina de Turing con cintas mecánicas. Lo más importante de todo esto es que una Máquina de Turing sigue siendo la representación fiel de nuestras máquinas digitales actuales.

Volviendo al tema de inicio, Turing con su creación e influenciado de igual forma por el teorema de incompletitud de Gödel, demostró que existían problemas que no se podían resolver y uno de ellos era el *Entscheidungsproblem*, ya que no había forma de saber mediante ese mecanismo de cintas que establece la máquina de Turing si existía un algoritmo que pudiera decidir si dicha máquina se para en algún momento. Lo que aquí se puntualiza es justamente el Problema de la Parada: no existe una manera automática computable de saber si todos los programas del mundo terminan. Lo cual no quiere decir que no haya prueba para programas concretos, pero recordemos que el *Entscheidungsproblem* debía satisfacer el universo de "para todo" y Turing con su máquina establecía una tesis que daba una respuesta negativa al problema.

La irresolubilidad del problema la podemos demostrar con una paradoja que se nos enseña a todos los que llevamos alguna vez una materia de teoría computacional, la cual es bastante sencilla de entender y muy didáctica. Supongamos que el problema de la Parada realmente tiene una solución mágica mediante un algoritmo al que llamaremos Se_Acaba(X,Y), que recibe como entrada un programa X y datos de entrada Y y muestra como resultado un Verdadero si el programa acaba o Falso si el programa no acaba. En un pseudocódigo sería más o menos así:

Se_Acaba (X, Y) {# Código mágico que soluciona el problema y al final regresa Verdadero o Falso}

Ahora bien, suponiendo que existe ese algoritmo, se puede utilizar obviamente dentro de otros programas y algoritmos adicionales; lo probaremos en uno al que llamaremos Paradoja(). Este recibirá como entrada el código de un programa cualquiera, por ejemplo Z, y utilizará el algoritmo Se_Acaba(X,Y) para decidir sobre el mismo si termina o no. Es decir, vamos a aplicar el algoritmo sobre el propio programa Z como dato de entrada. Pero con una añadidura: si Z termina, entonces Paradoja() entra en un ciclo infinito; y si Z entra en un ciclo infinito, es decir, si no termina, entonces Paradoja termina:

Paradoja (Z) {Si Se_Acaba (Z, Z) Mientras regrese Verdadero: Bucle infinito}

Como Z puede ser cualquier programa, entonces perfectamente podríamos aplicar lo siguiente:

Paradoja (Paradoja): Si Se_Acaba (Paradoja, Paradoja) mientras regrese Verdadero: Bucle infinito

En conclusión, si hubiera la posibilidad de que existiera el algoritmo Se*Acaba()* *se tendría como resultado la paradójica conclusión de que hay un programa que acaba siempre y cuando no acabe. Entonces no puede haber nunca un algoritmo parecido a Se*Acaba() porque eso resultaría en una contradicción absoluta y, en resumidas cuentas, es imposible resolver el Problema de la Parada con una Máquina de Turing, *ergo* con una computadora actual.

Al final podemos rematar que todo nuestro poder computacional se alinea a las tesis formuladas por Alan Turing y hasta el momento el poder de resolución de una Alienware MX18 o una Mac Book Pro no pueden rebasar lo establecido por una Máquina de Turing de hace más de 50 años. Así que la próxima vez que les aparezca en sus pantallas ese hermoso cuadro de texto diciéndoles "Microsoft Word no responde, Si reinicia o cierra el programa podría perder información -> Reiniciar el programa -> Cerrar el programa -> Esperar a que el programa responda", si usted elige la última opción se arriesgará a no poder decidir si su programa responderá o no. Eso no tiene solución."

*****

Frente a este frío muro, labrado en piedra...
lloraba mi triste culo, lágrimas de mierda.
Aquí dormí una noche de borrachera.
Ningún suelo es demasiado frío, ni ningún brazo es duro
si te entra el sopor propio de una gran noche de juerga.
Porque digan lo que digan,
en esos momentos de delicado anhelo,
los pelos parados del culo
sin el menor recelo,
siempre...nos abrigan.

Escrito en los baños de una universidad.

Cuando un puñado de mamadores se propone a salir del silencio, salen demasiados problemas. Con una carrera terminada, una especialidad en barrios bajos y debo añadir, unas "mujeres" decentes, el currículum de H llega hasta una colosal empresa de Ingeniería de Software adjuntando el título nobiliario de "Senior" y sin más planes que algunos sueños, F, H y P siguen yendo a las reuniones malsanas de Macareno, como queriendo nunca olvidar el vínculo destructor que los ha ligado a tan maravillosa carrera sembrada de exuberancias. Un día después de una fiesta cumpleañera (de recatada frivolidad) en el "Artic Bar" de la Condesa, ya hasta las manitas y en medio de múltiples fluidos gorgorosos, se encuentran con R.

A diferencia de todo el quinteto (cuarteto por ahora), R anda rolando y probando en todas partes. Pero igual que ellos, y a pesar de las miles de fiestas acumuladas a lo largo de los años en el club de Macareno, las alharacas informáticas y las LAN parties, R no tiene un grupo (digamos) al que le pueda llamar su hogar.

R busca sin saberlo, el final de la promiscuidad a la que han sido forzadas sus falanges. Se ponen todos a beber en el *after party*, quedan de verse en casa de Macareno nuevamente y se trepan a un taxi. No hacen una cita formal, pero poco tiempo después, R se entera de un "hackathon" llamado "Derrocando a la Mexican Tech Mafia"; es ahí, donde se propone a hacerle al cuarteto "el llamado de la selva definitivo" y les expone a todos en la siguiente fiesta: "¿Por qué no nos juntamos para "codear"? Ya tengo donde tentar con nuestros dedillos y quizá ganemos algo. ¿Qué opinan? Justo como tu 'capture the flag' de hace algunos ayeres F".

Como donde se embriagan cuatro, se embriagan cinco, todos muerden el anzuelo y entonces comienza de manera "seria" (supongo) ahora sí, el gallardo propósito de "Las Insólitas Imágenes" con los miembros originales y hasta ahora (yo digo) perpetuos. *Dixie.*

El jueves 4 de abril de 2013 están programados para aparecerse como Beetlejuice en las oficinas de San Lázaro, en el Congreso de la Unión para presentar su obra. El grupo ya tiene fuelle, pero aún no tiene lo que se dice un acoplamiento, no tiene ni siquiera manera de saber cómo realmente tomar un impulso y un rol.

Pero lo importante, es lo que R ya conoce, y les dice a los demás el camino a recorrer. Si se te ocurre de repente comprarte unas braguitas Victoria's Secret, el siguiente paso es salir a buscar morras que se las quieran poner. Dicho de otra manera, si de repente te ensartaste a hacer un "app" para un hackathon (además te autofollaste poniéndote como Team Leader) en menos de diez días, y sobretodo, apenas estás agarrando rodaje, ni modo pues te pones a hacerla.

No es necesario conseguir esta vez "viejas decorosas" porque ya las tienen. Solapados por la sapiencia reunida de saberse 4 años graduados, sus ojeras les dicen que sus hígados ya están más jodidos que un zombie con polio. Pero aun así, su experiencia les ayuda a componer y a abstraerse en distintas dimensiones. El ritual de la yerba, la fuente de poder etílica y las interminables noches de lectura de e-zines, API's y de RFC's siguen como parte del proceso creativo obtenido desde los tiernos años universitarios.

Este método lejos de degenerarlos, les va dando una impresionante capacidad de creación y una familiaridad con cualquier tipo de embrollo "compuloco" que en el futuro no tendrá ninguna clase de límite.

Escoger como carrera el hacking en el nuevo siglo es causal directo, de que la sociedad te confunda con un delincuente. México absorbe de forma entera la moda del Facebook, Twitter, Instragram, Snapchat, los tuitstars, y los youtubers para prácticamente postear lo que hacen diariamente, en sus pedas casi siempre, y durante esas borracheras, musicalmente hablando, estamos hasta el culo de Bachata y "perreo". No se ve otra cosa en los antros que coreografías sugerentes de jovencitos ardientes, los cuales pretenden arrimarle toda su "virilidad" a las jovencitas (o jovencitos) de al lado: "Dale mami, dale, que eres como una fiera, lactándome la manguera", "Perrea mami, perrea, que eres como gatita esperando mi leche calientita" son parte de las letras que escuchamos, hasta en el más exclusivo club nocturno de la Ciudad de México. Cada viernes, varios putitos "bienvestidos" salen de las oficinas de Santa Fe, donde diversos gigantes del silicón tienen sus HQ. Los ingenieros "godín" que cada semana ensayan en esos antros los pasos más predecibles del mundo y se vuelven los héroes del alcohol, son los protagonistas de esas jaulas. Aunque para el quinteto, que disfruta cualquier clase de desmadre con la más feliz de las disposiciones, ese espécimen de héroes son los blancos perfectos para pararles unas generosas madrizas.

Sin mayores elementos que la necesidad de ser un grupo, F, H, P, R y Macareno se disponen a meterle esteroides al asunto. Se anexan a algunos "monkey coders" para que los alivianen con algunas tareas repetitivas, algunas pruebas de unidad, uno que otro "glue"

159

y alguna que otra "struct". Se van a un retiro espiritual a la casa de…ya saben de quién, se cachondean las neuronas y cuando llega el 4 de abril, el quinteto ya tiene a su primer hijo: un impresionantemente eficiente "parser" recursivo descendente que reconoce cualquier tipo de gramática libre de contexto. Básicamente se genera con ello, una excelente manera de procesar todo tipo de información estructurada que le pueda ser de utilidad al Congreso de San Lázaro para clasificar a toda su banda, sin el menor temor a perderse y tener que llamar al servicio a la comunidad para encontrarlos. Todo ello en menos de 1 milisegundo como tiempo de respuesta (con la implementación adecuada). Algo así es lo que me explicaron, ladridos más ladridos menos.

Llegado el día, aparecen los organizadores y presentan al quinteto con el asombro de un nombre que es demasiado extravagante; en otras palabras respetable público, les invito a aguantar la exquisitez codificada de mis cinco pendejitos. Y entonces todos los respetables programadores, todo esos cultos expertos, integrados por los mejores desarrolladores del valle de Anáhuac, aprovechan esta invaluable oportunidad para presenciar una mierda de aplicación, pero con un más que excelente algoritmo de búsqueda y caracterización. Eso por sí solo, debió haber ganado el hackathon sin la menor duda. "Apaguen las luces y vámonos de aquí; los idiotas de nombre raro nos acaban de embutir la verija".

Exactamente, la interfaz es una mierda y quedan eliminados, pero eso es porque a los jueces les faltó colmillo para poder detectar la verdadera belleza del ser, y a "Las Insólitas" la forma de podérselos vender; esa belleza que se oculta a la vista porque "lo esencial es invisible para los ojos". (Consejo: si alguna vez desean encontrar al mejor vendedor entre varios candidatos, apliquenles un examen de "urea". Su mejor opción, siempre será el primero que logre vender el frasquito, con sus meados dentro claro).

Lo mejor de todo es que este concurso, es el verdadero preámbulo a lo "de a de veras" porque R les dice: "Habrá un segundo hackathon la semana entrante. Esta vez será en vivo, y en nuestros terrenos, deberemos destruir la aplicación del contrincante en un duelo de monstruos. Vamos a ir... ¿no?".

Con el estrepitoso número presentado en el Congreso de la Unión, y la entereza de quienes saben que cagada hay por todos lados y ni quién se la embarre, el grupo regresa a la "batiguarida". Durante la semana se dedican a darle mayor forma a la bestia, para reutilizarlo en el duelo de monstruos, a "hardenizarlo", a ponerle una armadura de titanio, y a limar ciertas impurezas. En otras palabras, a pasarle un kleenex para quitarle toda la ya mencionada cagada. El porvenir les exige mayor acoplamiento y que todos se vuelvan uno con su compañero, compenetren sus mentes pachecas, a la vez que el ardor interno de su apéndice, les brinde un boost inusual de experiencia y de creatividad. R realmente lleva al grupo a un segundo hackathon por un "qué hubiera pasado si", por morbo probablemente, por una de esas mezclas raras de ansiedad, que son cosas que te despiertan a hacer algo que normalmente en tus cinco sentidos no te atreverías a hacer. Pero acabas yéndote a otro nivel.

Y después del segundo hackathon, R y los demás fueron, vieron, triunfaron; *Veni vidi vici* y ya jamás se volvieron a ir de ahí....

Macareno: Y luego mis ex viejas locas. La última fue una chava que conocí trabajando de *contractor* en "HIVM", ella era "Network Administrator" y les ayudábamos con ciertos servicios de Appication Delivery y Cloud Computing. Nos conocimos en Las Vegas, después de un evento de la compañía y resultó que vivía en un pueblillo cerca de la "Sierra Madre Occidental". No es tierra precisamente de hombres dóciles. Cuando la dejé en su casa después de llevármela a parrandear a la Ciudad de México por 4 días, que llego y el pinche ruco de su papa me peló la 47 en la cara reclamándome a diestra y siniestra que cómo se me había ocurrido engatusar a su hijita, si ya tenía novio y hasta se iban a casar dentro de un mes. Ya estaba puesto el bodorrio y toda la cosa. Pero dime, ¿yo que culpa tenía que la mujer fuera de piernas temblorosas, hazme el favor?

H: Las Insólitas éramos un grupo de programadores que "codeábamos" horroroso. Todas nuestras creaciones están en el "GitHub" y siempre recibíamos numerosas mentadas de madre porque de buenas prácticas, no teníamos ni las remotas ganas de seguirlas, aunque las supiéramos. Hasta nuestra creación estrella no estuvo exenta de ello, pero de algún modo nos las arreglábamos siempre para parecerles a todo el mundo... muy impresionantes.

F: En quinto semestre de prepa estuve a punto de dejar el área de ciencias por culpa de una profesora de planta. La maestra Maricarmen Uribe de Cálculo Diferencial. Una pinche momia horrible que te exigía entregar apuntes con bonita letra, como si estuvieras en una guardería de maternal contra lactantes. Estoy seguro que los arqueólogos encontrarían artesanías mesopotámicas dentro de su vagina, si fueran muy valientes.

P: Saliendo de un examen de Ecuaciones Diferenciales me deprimí tanto por lo difícil que había estado, que me puse a beber whisky derecho, en un vaso de unicel en la siguiente clase. El profe me descubrió por el olor inconfundible a malta, fui directito a un alcoholímetro y en detención todo el semestre. Pero me sentí mejor cuando descubrí que un wey, que me ultracagaba la madre, había ido a vomitar en medio del examen y lo tronó completito.

R: Para un hacker, la mente humana es el caos. Es toda una banda de FM... y algunas de las emisoras no son legales, sino piratas procedentes de mares prohibidos que emiten melodías nocturnas con letras marginales...

Macareno (otra vez): Soy tu maldita zorra.

Después se compra una Mac Book Pro, como Apple fanboy de gusto culposo que es, termina la carrera con Suma Cum Laude y se mete a codear primero con los "Softengs" y luego con los "Stephanos". El conflicto que origina hacer este trabajo, y por lo tanto ya no estudiar, únicamente en el sentido académico de la palabra, para situarnos en el sentido material y adquisitivo del concepto, lo saca de su amado "Golden Valley". Pero como H está acostumbrado a pastar con weyes menos dotados que él, y siempre teniendo una sutil y decorosa manera de llamarlos "pendejos", sin el más mínimo tacto (el tacto, esa hipocresía hecha virtud), a merced de sus equivocaciones, le llueven las ofertas de cuanta compañía de software se imaginen en la sección amarilla.

Evidentemente el nivel de H, no está en condiciones de compararse con el resto de los mortales de modo que los años que pasa con dichas compañías no son sino tiempos de aprender, valga la contradicción, la manera de trabajar de los pendejos. Pero mientras tanto, en vista de que ver cómo un completo asno que se cree Steve Wozniak, no es capaz de programar una simple función Fibonacci con *tail recursión* para su entrevista de entrada a la empresa, H aprende a hacer su propio negocio de "Apps on Demand", a la más alta velocidad posible, para venderlas al mejor postor, y dedicar su tiempo a incrementar ese negocio y sobretodo su habilidad nata.

Lo cual es más una frustración que una complacencia, porque H dedica el tiempo a hacer apps, menos de lo que querría dedicar. Se mete a buscar posibles clientes, potenciales compradores, pero en realidad en ese "negocio propio" realmente no llegará a aprender tanto como con los chingativos clientes de Stephanos.

Está terminando el 2010 y H ya encontró una manera de tener muy buenos ingresos, y de paso ostentar el vicio de ser un semi freelancer. Con esas dos cosas encima, va a dar de regreso a casa de Macareno con el status vitalicio de inquilino.

Los lenguajes de programación le han dado por supuesto una profesión dentro de la crema innata social, pero no todas las profesiones dejan para satisfacer las necesidades carnales, de modo que H sigue viviendo con su destino ligado al hacking artesanal. Al seguir frecuentando las reuniones del quinteto, aprende otros menesteres oscuros de la informática, más profundos que los hechos alguna vez durante la universidad, pero las situaciones ya no son las mismas. H es capaz de ejercer con mayor profesionalidad, pero de repente surgen un considerable número de clientes potenciales para su side-job como freelancer. Estos proyectos meten por primera vez a H dentro del panorama de programadores de élite de México y al poco tiempo sus pedidos aumentan como iPhones en pleno lanzamiento. H se vuelve el equivalente a Ryan Gossling (región 4) versión para nerds.

El hacking es el vicio que te saca de tu cuarto, te revuelca por las eclécticas penumbras del inframundo y te devuelve a la superficie convertido en Mefistófeles.

Es 2016 y cuando va al baño a afeitarse la cara con el espejo, H se encuentra con un programador gurú consumado.

*****

La madre, el vientre, el pozo y el infierno son idénticos.
El vientre de la hembra es el lugar de origen de donde provino una vez
y, por tanto, toda hembra es, como todo vientre,
el vientre primordial de la Gran Madre de donde todo se origina,
el vientre de las llamas.
Pero ella amenaza a sus devotos con el peligro de la autodestrucción,
de la autopérdida, en otras palabras,
con la muerte y la castración.

El valiente que la implora para su salvación,
primero tiene que enfrentarse a ella,
y soportar a la Madre, bajo el cosmos, la noche, las nubes
y la polución…

Tercera invocación a la centinela. (La diosa se prepara dentro de una máscara "ensambladora" para emerger como una violenta omnipotencia).

Las siguientes incursiones haxxor no estuvieron para nada mal. A nadie le falló su computadora en el momento preciso, no hubo ningún error obtuso en el sistema, y nada se descompuso. Toda la maquinaria estaba echada andar, el grupo se junta y solo queda el siempre latente problema de apostarle más al desmadre que a la seriedad. Pero, la esencia de las Insólitas es el desmadre, es posible que si de repente ese cáncer de seriedad empezara a aparecer dentro del grupo todo amenace con irse directito al caño.

Los "hackers" no tienen más consistencia de la que obtienen a través del más intenso aferramiento. Y de hecho, ha sido lo mismo durante los últimos siete años al frecuentar las catacumbas de Macareno; pero por el momento esa inercia funciona para seguir adelante. El dinero que logran obtener realmente no es muy indispensable, pues a estas alturas todos siguen una doble vida: Godínez in the day, SuperHero/hacker at night. Estas reuniones advierten muchos, que ahora cuentan con mayor presupuesto por las obvias razones que dejamos ya implícitas, son el mejor pretexto para irse en pasaje directo al Inframundo, pero las Insólitas Imágenes ese lugar ya lo conocen; y cada vez que son capaces de poner a funcionar sus neuronas en lenguajes que pueden controlar, saben que todo esto vale la pena y realmente es de las cosas que mejor hacen, más aún, afortunadamente el Inframundo se encuentra demasiado alejado de ellos. O eso creen. Saben, como los piratas que estuvieron antes de ellos, que el Inframundo siempre está latente y la vida se centra en la adrenalina. Prenden sus microchips, dejan que el caos cerebral se asome hasta la cutícula, se alistan para oficiar un nuevo ritual binario, igual al lujurioso que inspecciona cada detalle del cuerpo humano y goza cada milímetro de piel cuando se encuentra seducido por las manos de algún fetichista.

Claro que todo esto como sabrán no es un placer para nada sano; las juergas jamás lo son y la quemadura de pestañas tampoco. Aunque justamente, llevar hasta las últimas consecuencias lo que nuestro instinto nos apremia, tal vez es la única manera de conservar la pulcritud mental. De día, cuando Las Insólitas vuelven a la normalidad y se posicionan en el mundo superficial, se topan nuevamente con estantes de gente aparentemente trabajadora, que cuenta su tiempo de jornada laboral en horas-nalga, pegados a una computadora y creyendo que llegando a las 9 am y yéndose a las 9 pm harán de su vida algo de ser dignamente mencionado como: profesional y responsable. Mucha de esa gente todos los días se pudre y se vuelve desequilibrada sin darse cuenta.

De este lado, el panorama tampoco está mejor: arreglos en raid, cables, sistemas de enfriamiento, alcohol, yerba, plantas de poder y 5 mojigatos que se agarran entre ellos como se sostiene a la caguama: con la certidumbre de que si la sueltas, puede llegar otro a chingársela y ya te pegaron la rabia.

F: Uno ya no puede tomar en serio, al presunto maestro de Matemáticas que dijo que el pene es igual a la raíz cuadrada de menos uno. Sencillamente no se puede.

Desde quinto semestre de la universidad en el 2007, simplemente ya no puede pensar en otra cosa que no sea el hacking, y ni le interesa. No presta atención a las demás materias, no pela ni a su profesora de "Cocina Fácil". Lo único que F hace con un deseo equiparable a la concupiscencia, es practicar como naco por el momento. Baja tools, inventa scripts, experimenta por doquier y decide finalmente poner en práctica lo descubierto, por todos lados.

A estas alturas del partido F ya puede considerarse un iniciado. Cuenta con todas esas medallas para reconocerse y ser reconocido, en parte, como uno más del culto, dentro de los subforos, las comunidades, las conferencias, y las espeluznantes cuevas de la web profunda. Los primeros individuos con los que tiene contacto ahí, asumen apodos llenos de letras y números simbióticos: UnderD00g, X-P0wn, End3r. Estos rollos empieza a conocerlos muy pronto, y no será difícil deducir que al poco tiempo, todo ese material disponible, será altamente digerible para él y pueda terminar sabiendo más, que muchos de ellos. Estas clandestinidades terminarán por traer a un F "cristianado" en las artes oscuras del sombrero negro.

El primer juego que programó P en su vida, fue un buscaminas que compilaba directamente desde el bloc de notas. Su incursión en el mundo de los videojuegos había sido desde muy muy tierna edad, vasta y "licitadora". P descubrió de niño la evolución de ese mundo doble, y esto le permite graduarse de la carrera con una amplísima capacidad de digamos, asimilación balística en colisiones de puntos directamente traída desde "DigiPen".

Cuando sus compañeros de trabajo apenas descubren cómo hacer funcionar un módulo de algún motor, los gustos programadores de P ya pasaron tales nimiedades y se concentran en dotar de inteligencias artificiales más avanzadas a todas las cosas que él toca. Desde el gameplay, la optimización y el *debugging*, hasta los colores que debe llevar cada soldadito en los juegos de guerra. Pero en sí, a P le vale madres si lo consideran nerdo o no. Él solamente quiere programar harto, y mucho del hacking es justamente eso, no soporta frenos en ese sentido. Con la notable excepción de las cervezas y el whisky, apenas considera la existencia de marcas, etiquetas o nombres.

En el 2014, el hacking en México sigue siendo cosa subterránea. No es extraño que quienes se clavan en él solo puedan entenderlo como una actividad ilícita, una bomba molotov contra cualquier clase de culero, una caguama adulterada, o incluso de vez en vez, una "libertad guiando al pueblo". Pero R que a los 13 años ya andaba metido en parrandas de insalubre magnificencia, y ahora ya se ha decidido por una monógama vida de perversiones informáticas a lo macho, destruye cualquier clase de entendimiento y se dedica a gozar de esta vida una y otra vez, sin distanciarse de nadie. En las fiestas posteriores a los hackathons, es todo un *connoiseur*, y en los reventones darketos no requiere pintarse las uñas de negro, para volverse el más balconero de la reunión. Un día, completamente hasta el huevo, R se tropieza hasta el fondo de una alcantarilla como de metro y medio de profundidad. Queda ahí varado por un buen tiempo, pero nadie lo rescata. Realmente no necesita que lo rescaten, R decide que una interesante parte de la vida se encuentra oculta, por debajo de las alcantarillas, oscura y hedionda, y entonces finalmente descubre dentro de esa profundidad una verdad absoluta: que el mundo en realidad está hecho de "megabits".

Cuando uno se empeña en alcanzar una meta, normalmente sabemos dónde podemos empezar, pero nunca por dónde pasamos y a dónde vamos a llegar. Puede decirse que con esas metas no se juega, porque jugar con ellas implica que estamos jugando con nuestra vida misma; porque al querer alcanzar una meta verdadera nadie puede salir sin rasguños o dolores. Tal vez por eso, quienes más seguido se dan el lujo de ponerse metas son aquellos que no tienen nada que perder. A la mitad de 2013, un hacker en México no puede perder absolutamente nada, porque nada tiene. Es ya el mes de mayo, (el mes más bonito) y las Insólitas Imágenes estallan regularmente las LAN parties, los hackathons, las comunidades clandestinas, y los puteros repletos de corazones solitarios, que al menos hasta ahora, jamás pensaron que un colectivo mexicano, fuera de los habituales gringos, les taladrara la mente con semejante displicencia.

Los dedos han tenido ya mucho tiempo suficiente para estar cómodos en las Alienware. Los hackathons se vuelven más concurridos, las Insólitas se ha vuelto un grupo de culto y conocerlos es el nuevo deber para los sectarios en el underground.

Esos traqueteos de embriaguez construidos con sentimientos volátiles, mareas altas que se estrellan contra los acantilados y el ruido y la furia que se te estampa en la cara, han formado por si mismos a un puñado de chiflados. A pesar de todo, esto no es más que un principio, y principios ha habido muchos, la diferencia ahora es que estamos asistiendo a la que bien puede ser la última oportunidad del grupo para alcanzar las lúgubres mieles del hacking dominante. Si esto no jala, ya nada va a jalar.

Evidentemente es un delito contra toda clase de lógica. No precisamente a la de ellos, sino la de México como país, que se rige por unas normas muy llenas de "lógica". Esa lógica nos indica que ningún exceso como los cometidos por el quinteto, puede hallar un lugar respetable en nuestra sociedad. De acuerdo con esa lógica para triunfar como un versado en algún tipo de profesión, solo se vale siendo oportunista, imbécil, o puta. Si es posible, mejor todo a la vez. Los cinco changos de las Insólitas, siendo menos hipócritas, no reúnen los requerimientos y por eso se delinean fuera de toda lógica.

No es de sorprenderse que en el país de la mejor lucha libre en el mundo, tengamos una obsesión enfermiza por desenmascarar a todos, y nos aferremos hasta la muerte para no perder nuestra propia máscara.

Pero afortunadamente, en la otra lógica, en la que $1 + 1$ no es igual a 2 sino que es igual a 1 (compruébenlo si no me creen), les susurran rollos completamente distintos. Entre otras cosas, que las alas no son las únicas formas de alcanzar el cielo y que sencillamente, están muy lejos de ser las mejores.

*****

Distopías protervas 2.0 : La pesadilla digital que se nos aproxima

(Texto mostrado por H como parte de una campaña de concientización sobre el uso correcto de las redes sociales en el marco del "Simposium de Seguridad TI 2015" celebrado en una prestigiosa Universidad de la capital mexicana)

"Saber y no saber, hallarse consciente de lo que es realmente verdad mientras se dicen mentiras cuidadosamente elaboradas, sostener simultáneamente dos opiniones sabiendo que son contradictorias y creer sin embargo en ambas...".
George Orwell, 1984.

"La distopía es un concepto que se puede utilizar contrario a la utopía; se aplica básicamente a un modelo de sociedad indeseable, casi siempre fuera de un contexto espacial y temporal precisos, pues describe estados sociales y/o políticos ilusorios que tienen lugar en situaciones muchas veces imaginarias, pero aplicables a los panoramas actuales. Dicha sociedad es plasmada constantemente en novelas o películas y por supuesto el clásico pionero de ese término, el libro *1984* de George Orwell (llevado al cine de igual forma) es un gran ejemplo para iniciar el contenido macabro de este post.

Este texto quiero dedicarlo en primera instancia a todos los lectores de la Universidad, donde tengo el honor de sumar mis artículos, y muy especialmente a todos mis amigos y familiares, para los cuales considero que, teniendo yo algunos años en esto de la Seguridad de la Información, no he sabido transmitirles un correcto mensaje de "paranoia sustancial" sobre lo que estamos a punto de vivir y difícilmente vamos a ser capaces de afrontar.

Probablemente, lo que muchos de ustedes no son capaces de saber o entender es la trascendencia que tienen sus redes sociales (Facebook, Twitter, Instagram, Pinterest, etc.) en la existencia misma y todas las cosas que cuelgan en Internet van a tener consecuencias más que brutales en el futuro. Si se fijan con detenimiento, hace apenas dos años el impacto de los *smartphones* no era tan profundo en términos de la cantidad de servicios y aplicaciones que ahora podemos compartir con nuestros conocidos en tiempo real. Un dispositivo *wearable*, un refrigerador que se conecta a internet, imágenes holográficas, etc. están ahora con nosotros y los ciclos de penetración de estas tecnologías son increíblemente cortos, contra la gran diversificación que adquieren.

Planteando este escenario (que continuamente está innovando y cambiando) quiero expresar mi gran preocupación por hacerles notar a las personas, cómo la relación entre su información digital y su propia libertad individual estará más ligada que nunca, a la manera en que ellos mismos respondan y comprendan los términos de privacidad 2.0 e identidad digital. Para todo lo anterior me gustaría utilizar nuevamente a la palabra distopía y contarles por qué razón entender todos estos términos sobradamente *geeks*, aunque ustedes no sean del gremio de la informática o la Seguridad TI, se vuelve vital para su vida diaria (y si no es vital aún, créanme que se volverá).

2025, Año Chino de la Serpiente. Conversación entre esposos, Alice y Bob

- "Bob, ya no podremos sostenernos ni un mes más si no consigues un empleo pronto. Nos resta muy poco del dinero de tu liquidación y los ahorros de toda la vida. Apenas libramos la renta y la colegiatura de Charlie, pero ya no nos va a alcanzar ni para comer. Todavía no entiendo cómo se te ocurrió postear una foto en "SmileBook" con tu jefe en la borrachera de fin de año y subir un video a "Metube"... ¿es que no sabías que la compañía rastreaba todo ese tipo de información y te podían despedir por el contenido? ¿Es que no sabes que eres parte de la imagen que da la empresa?" dijo la incrédula mujer.

- "Alice, ya me lo has reclamado mil y un veces. Y créeme que yo estoy hecho un manojo de nervios y estrés por nuestra situación, pero... realmente no recuerdo haberlo hecho yo... Conscientemente, claro. Te lo juro. Mira, sé que estaba muy, muy borracho, pero en toda la fiesta no recuerdo haber tocado mi teléfono para nada. Es más, ya te dije que lo dejé cargando ahí paradito, en su funda cargadora inalámbrica (porque casi ni pila tenía), en la mesa de entrada al jardín donde estábamos brindando todos, y hasta que terminó la reunión lo tomé de nuevo. No sé en qué momento pasó que esas imágenes y ese video se colgaron en la red. Simplemente no lo entiendo", dijo el aún más incrédulo hombre sobre sus lagunas mentales de briago.

- "Bob...ya no me puedo enojar (tanto) después de los meses que pasaron. Pero ¡¿cómo es posible que me digas que no hiciste nada y al otro día todas tus locuras estaban posteadas en las redes para que las viera la compañía entera?! Obviamente te iban a despedir, hombre ingenuo", musitó la histérica mujer.

Charlie, el hijo de 15 años, que por supuesto notaba que su padre estaba sin trabajo, pero que jamás había oído discutir a sus progenitores sobre la razón por la cual ocurrió el despido, cayó en cuenta casi de inmediato lo que sucedía. Sabía de antemano que sus padres pertenecían a la generación del *boom* tecnológico de los años 2009 a 2015 y todos esos individuos, jóvenes en esas épocas, eran conocidos actualmente (año 2025) como analfabetos 2.0. Eran personas que tenían redes sociales por doquier, creaban identidades digitales por todos lados, compartían su información con el mundo e instalaban las apps de moda sin saber lo que realmente hacían con su propia vida. Suponían que teniendo el *smartphone*, o el dispositivo del momento, iban a mantenerse a la vanguardia, que nunca serían excluidos de sus círculos de amigos y sin embargo eran los ignorantes más pueriles que el mundo jamás haya conocido. Tenían todos los recursos y el poder de Internet a la mano y no se tomaban el tiempo para saber manejarlos tan siquiera un poco. Exponían en todos lados información tan valiosa, que a Charlie cuando le enseñaron en sus materias obligatorias de Seguridad Informática en la primaria, se le hacía increíble que sus padres naciendo y creciendo con tecnología, fueran tan poco educados en el tema. Y lo peor es que seguían conservando sus mañas de antaño, Bob, por ejemplo, no le prestaba jamás su celular a Alice (ni a Charlie) por temor a que viera sus cosas "privadas", pero irónicamente dejaba su vida abierta totalmente al universo, por medio de las apps que seguía instalando (cada vez más invasivas a la privacidad) y las redes sociales a las que pertenecía. Charlie no dudaba que su padre fuera despedido por sus tonterías digitales que jamás lograron curarse desde adolescente y decidió irrumpir en el *smartphone* del delito para saber qué había pasado en realidad.

- "Alice, estaba revisando nuestras bitcoins y creo que este mes aún podemos vender algunas en Deep Web para tener algo de dinero... pero no tengo ni idea de cómo navegar ahí para que no nos estafen....", le decía Bob a Alice sobre vender monedas digitales en el mercado negro de internet, cuando en ese momento irrumpió Charlie en la conversación.
- "Papá, necesito hablar contigo y que me escuches bien", le dijo Charlie decididamente a Bob.
- "Hijo, mamá y yo estamos tratando de resolver algunos problemas, por favor no es momento de...".
- "Papá escúchame, yo sé por qué razón te despidieron", dijo Charlie a los asombradísimos Bob y Alice.
- "Charlie, hijo, por favor no estés jugando con nosotros, tu padre y yo estamos muy alterados y, la verdad, no queremos ahorita tener que escuchar más sobre...".

- "No, mamá. Escucha" - interrumpió Charlie imperativamente - "Escucha bien mamá, porque lo que tengo que decirles ya se los había repetido antes sobre sus costumbres tan malas en el mundo digital y jamás me hicieron caso... Ahora vean las consecuencias".

Alice y Bob miraban estupefactos a Charlie pero no hablaron más y esperaron a que su hijo continuara.

- "Papá, perdóname. Sé muy bien que te molesta que toquen tu *smartphone*... aunque de veras me resulta muy gracioso cómo tienes información hasta de cuando dejé de orinarme en la cama, compartida con toda la gente...Mamá, papá tiene razón: él no hizo nada en la fiesta, quizá tú lo dudas (y con justa razón) porque él estaba demasiado ebrio. Pero créeme, papá no subió las fotos ni el video. Al menos él no lo hizo manualmente..."
- "Hijo, por favor explícanos bien que no te entendemos nada. ¿Quieres decirme que el *smartphone* lo hizo solito? ¡¡¿Es tan inteligente ya, eso no puedo creértelo?!!" gritó Alice exasperada.
- "(Ya veo por qué les dicen analfabetas 2.0) Sucede, mamá, que papá compró el *smartphone* de lujo que traía las nuevas apps de "Smilebook", "Metube" y un montón de aplicaciones que se alimentaban de las redes sociales, la ubicación, los gustos y en sí toda información que papá tenía en la red por defecto. Como papá jamás se dedicó a crear un perfil seguro que restringiera lo que hacía o no cada aplicación, o lo que podía acceder o no, digamos que todas estas monerías tenían un permiso *full-effect* para lo que se les diera la gana. Entonces pasó lo siguiente: papá llegó a la fiesta de fin de año de su jefe e hizo un check-in en la misma, anunciando que estaba en la bacanal del milenio. Le quedaba poca pila, así que esa fue la última acción manual que hizo mi padre y después justo como lo mencionó, dejó parado su dispositivo en la entrada del

jardín, sobre una mesa teniendo un ángulo de visibilidad perfecto hacia toda la fiesta. Ahora viene lo bueno; como papá dio acceso total a su *smartphone* a estas apps, al hacer check-in y escribir la palabra "fiesta" automáticamente activó un feature mega invasivo (e inteligente) que posee MeTube, SmileBook y demás, para compartir cualquier celebración en tiempo real sin tener que estar nosotros manipulando el *smartphone*; la cámara del celular (ultra HD) se activó y comenzó a tomar fotos aleatoriamente seleccionando las mejores, aplicando algoritmos de mejora de luminosidad en ambientes nocturnos, subiéndolas al SmileBook de papá y taggeando a los participantes mediante mecanismos de identificación facial; por otra parte, MeTube se encargó de subir un video de 10 minutos. editado por la misma app para resaltar los momentos de máxima euforia dependiendo de la vibración del sonido y la cantidad de movimientos de los participantes. Como colofón, se distribuyó esta gran celebración por todo el "social media" de papá y en este punto por supuesto ya no había nada que hacer. Su borrachera estaba siendo indexada por "Moogle" para jamás salir de allí. Ya era visible e imborrable en todo Internet. Ahora bien, ¿te preguntas por qué mandas CV's sin cansancio y no encuentras trabajo? Los departamentos de recursos humanos tienen actualmente algoritmos de *scoring* automático que les permiten evaluar a los candidatos, sin necesidad de una videoconferencia y ya ni siquiera de una visita presencial. Aprovechan tu información subida en la red para generar rápidamente un perfil preciso y aplican estos criterios de selección a los puestos, por las actividades que una persona ha ido evidenciando a lo largo de todo su existir. Así que si tienes colgada toda tu vida estás en un serio problema. Pero, dime, qué bonito era subir fotos y videos de tus borracheras de joven, ¿no, papá? O tus mil fotos en Smilebook de amor, amistad y frases cursis, con tus novias y tus viajes, o tus *selfies* que solo hacían resaltar tus complejos y manías como individuo (importantísimo para las empresas), y que tú pensabas que nunca te iban a pasar factura. Debiste haber entendido todo esto a tiempo, porque ahora (y desde siempre) borrar esa información de Internet es imposible...".

-------Fin-------

La historia queda inconclusa, pero me parece que es suficiente. Tal vez, esta conversación entre Alice, Bob y Charlie no tenga todavía mucho sentido en el año 2015. Sin embargo ya no podemos pensar en el ahora. Tenemos que comenzar a pensar en el mañana, y en un mañana muy, muy próximo, donde todo prácticamente estará conectado a Internet y deberemos saber el verdadero impacto de lo que hacemos en la red, pues no es un Second Life como pensamos, es nuestra existencia real.

O díganme... ¿Por qué razón si no le entregan la llave de su casa a un individuo desconocido, si le entregan la llave de su información digital a todo Internet?"

*****

"Mi tía abuela estaba segura de que yo sería sacerdote, y a lo mejor un día me iban a canonizar. Me lo dio a saber más de una vez, y por eso me obligó a vestir de sotana desde los diez años, con el permiso de mis padres. Hasta consiguió, de un amigo suyo (un cardenal en el Vaticano aunque no lo creas), que me pudieran guiar en el colegio cardenalicio para comenzar mi carrera hacia la mismísima tiara papal, por inverosímil que parezca. "Señora, que vuestro amado hijo a quien bendecimos especialmente, pueda llegar sin ninguna duda, al destino que la providencia ha elegido para él, correspondientes a sus gloriosas virtudes y que represente dignamente a Nuestra Santísima Iglesia, como defensor de la fe por la gracia de Dios y vuestra majestad el Papa…". Solo le faltó decir "General, generalísimo y adelantado". Evidentemente al cumplir quince años, hasta mi madre sabía que obligarme a si quiera, entrar en una iglesia, era misión imposible. Aunque siéndote claro, años más tarde me di cuenta que tal vez me habría acostumbrado a la vida eclesiástica, después de algún tiempo constante de plegarias: conozco mujeres que son tan religiosas, que practican el sexo anal para no perder la virginidad.

Lo que en realidad trajo como consecuencia haber perdido el destino de la tiara papal, fue lo mismo que le sucedió a Macareno. Mucha gente me decía: Tú eres adoptado. Porque cada año que pasaba me parecía menos a mis parientes en todo ¿Cada año? ¡¡No me chingues!! a cada rato. Todavía hoy siento que mi vida es la de un pececito de agua salada al que quién sabe quién echó al agua dulce. En el agua dulce todo es más jotito, más "princeso", más rosa, no sé… más marica. Las cosas me estaban dadas desde siempre; al venir de una familia "bien", no puedes recordar un solo instante de tu existencia en el que no hubiera acomodos y lujos. Y yo en cambio, lo que me hice recordar fue esto: "Bebe de tu propia sed del saber y sobretodo del exceso" claro con mis pendejitos a mi lado, como ha sido mi desdichada y recontraputa costumbre. Pero ¿qué chingados va a hacer un pez de agua salada entre el agua dulce? Obviamente ser una muy mala influencia, y para eso siempre…toda la vida, me he pintado solito.

H me decía que la gente como nosotros necesita sacar su cabronería interna con las personas, de otro modo nos envenena violentamente. Si yo fuera tú, pensaría: este wey usa su lengua para disimular sus complejos y sus miedos. Pero no son complejos; ni tampoco son los miedos precisamente. Al contrario. Mira, no sé si tú disfrutaste tus miedos alguna vez pero a veces se vuelven la mejor parte. Te calientan, de pronto. Todos los monstruos que te han acosado en tu vida y que te seducen para cometer atrocidades. Por eso luego hasta los andas extrañando. Aunque siempre regresan. Cada vez más hambrientos, más tullidos. Pero esos miedos los cargo en el vientre antes que en mi mente.

Con mi familia todavía hoy, algunas veces me miraba en el suelo: jodido por los siglos de los siglos, condenado a vivir como enfermo en cuarentena. Por eso, apenas me rebelé contra el mundo, y me autoproclamé "hacedor de Jedis Digitales" me dije: prohibidas las quejas. No podía lamentar la vida que había escogido, que según yo era la mejor de todas. ¿Te das cuenta del papel de imputado que hago aquí? Te estoy contando los pedazos de mi vida que según yo te sirven para entender mi mente. O sea que por más que me pregunte si voy a irme al Cocitos por hacer lo que hago, de cualquier modo tú me vas a condenar, y antes que nadie. O después, yo qué sé. No estoy nada seguro de que sea buen negocio agarrarte de biógrafo-almohada. Porque una cosa es que te mueras y te vayas al infierno, y otra cosa es que aquí arriba se entere todo el mundo de lo que eres…"

*****

El demonio se agita a mi lado sin cesar;
flota a mi alrededor cual aire impalpable;
lo respiro, siento cómo quema mi pulmón
y lo llena de un deseo eterno y culpable...

Charles Baudelaire.

La casa de Macareno ha sido tomada por cinco viciosos, llevados por un sentimiento que ya tuvo comienzo pero aún no conoce el final. Sencillamente hay que continuar con ello, porque esa es la única manera de mantenerse sano y salvo de ellos mismos. A pesar de todo, no es precisamente en la casa de "Cornamenta" donde las Insólitas Imágenes de Loradana hacen aparecer la magia, el toque, o la chispa que a veces es mucho más fuerte que ellos. Realmente, el sacrificio se encuentra en la red profunda, y es allí donde F, H, P, R y Macareno aprenden que el verdadero conocimiento del grupo, procede de esa tenebrosa caverna inexplorada por muchos.

Para R, la idea de seguir participando en hackathons es realmente indispensable. Las Insólitas irán a donde sea, por lo que sea, con tal de que su código se desapolille al aire libre y sea conocido. Así recorren todos los tugurios que pueden, se unen a las operaciones digitales de protesta, van a fiestas con cuanto malandro conocen y van juntando para tener mejores "viejas" cada vez, porque lo malo de este negocio es que dichas féminas se pudren rapidísimo, y la salacidad te gana en tener una nueva muy pronto.

Se putean, se chingan uno al otro, se revientan los huevos. La energía del grupo no nace de un puro sentido de comprometerse con la causa, sino de los deseos reales de ponerle en la madre al cabrón que está enfrente de ti. Pero luego, ya en plena party, en una conferencia, en un hackathon ya a nadie le importa si está peleado con el otro: si F quiere dedicarse más al hacking *per se* y menos a codear, si P quiere mejor trabajar en armar gameplays, si Macareno decide pasarse toda la noche de reventón sabiendo que al día siguiente tienen una exposición en el evento de "b: Sequiur", si a R se le olvida la laptop en su casa, si H se preocupa demasiado "en cuestión de la forma" por lo que a los otros les viene valiendo puritita madre.

Una vez dentro del juego ya no tienen frenos, señal inequívoca de que todo dentro del colectivo se encuentra bien.

R: Había días en que estábamos demasiado juntos como muéganos y yo ya alucinaba. Allí empezó el rollo de que nos invadíamos la privacidad y la intimidad. ¿Checas lo que te digo? Siendo "hackers" teníamos miedo de que el otro se estuviera inmiscuyendo en nuestras vidas, y eso que ya nos conocíamos perfectamente como para desconfiar. Después se pasaba ese delirio de persecución y decíamos "Ya no mames me la estoy jalando demasiado".

P: Yo ya no quería ir a casa de Macareno porque luego de este tiempo de pasarla con él y sobretodo, cuando nuestras ex novias eran muy próximas (La Rubiola y la Espermatosa) andábamos todo el tiempo pegados. Me cagaba la madre. Les decía a los demás "¿Pa qué carajos queremos seguir haciendo las reuniones ahí (casa de Macareno), no conocemos otros lugares? Y si, Macareno es un mamón impresionante pero ahora lo entiendo, porque ahora, me sigue cagando la madre pero somos muy amigos.

F: En "b:Sequiur" ya no nos tragaban. Según esto, la imagen que dábamos era turbia porque no vestíamos de "trajecito sastre", como los que van a dar siempre sus conferencias. Nuestro estilo era más relajado, muy relajado en realidad. Pero los organizadores discrepaban con nosotros y decían que un evento formal y de esa magnitud, no podía ser presentado así; a sus ojos parecíamos personas "ambiguas". En pocas palabras, los organizadores decidieron que ya no nos querían allí por putos.

Macareno: Cuando acabé la universidad me la pasaba leyendo sobre coches y motos. El Muscle Car, el ¡"Ram Ram"! Si me entiendes. ¡Madera ese! Yo sabía lo que quería y no era estudiar realmente. Sin embargo, sobre aquel asunto tenía una opinión muy clara: si no me mantengo con algo, no habrá lana; no habrá vieja, ni habrá ranfla. ¡A toda madre o un desmadre!

Gusanos que se mueven en una tierra que no está sobre el suelo sino debajo de él, cinco individuos a los que se les dio un nombre más cabrón que galán, recorren el invierno del 2013, casi sin advertir la extrema paliza que se están parando. Van y muelen tipejos a través del cablerío, despepitan sus neuronas a la luz del led en el monitor, vomitan saberes de dudosa procedencia en las conferencias a las que se atreven a invitarlos, incitan al caos, crean Frankensteins que han de servir como esqueletos y trajes para otros huéspedes en GitHub, regalan sus criadillas a la humanidad. Toda esa madriza ejemplar, efecto de una labor que no admite el menor de los titubeos, así como la interminable tanda de picotazos en los dedos que asoman las letras dentro de un compilador, no hacen sino confirmar el verdadero masoquismo que representa toquetearse las bolas con una pelota de agujas.

Por supuesto, nada de esto es imaginable para un fabricante "formal" de Seguridad Informática, y sus ejecutivos estándar. Los primeros que se acercan a los miembros de las Insólitas son, como los mencionamos, "b:Sequiur", y luego les siguieron "Chocopoint", "Fortileche", "Yunipens", "Chisco", "Pandita", "el del robotito verde", y un chinguero más (invito al lector a cavilar por ahí los nombres anteriores de susodichas marcas). Tales fulanos, que al parecer dictan qué cosas sirven en estos gremios de la tecnología, y cuales cosas hay que echar al mingitorio, deciden que el jodido grupo con sus miembros locuaces, no les sirve. La razón, declaran, es que ellos si venden "soluciones reales" no "pinches lactadas hechas en el albor de la peda". No se detienen a pensar que en lo referente a borracheras, todos ellos invariablemente cierran sus mejores *deals*, llevando a empedar a sus respectivos clientes y no mostrándoles su tan presumida solución real.

El segundo encuentro con los fabricantes y los "conocedores", llega vía "SecureInfor". En un principio, los organizadores les insinúan la posibilidad de enrolarse con ellos y de viajar a toda la región de América Latina para exponer todo su arsenal. Los muchachos llegan a exhibirles una de sus mejores creaciones, "su centinela digital" (en estado larva todavía), pero con una enorme proyección, y están dispuestos a tirar la barrera "racional" de aquellas gentes movidas por la rectitud y la rigurosidad. Y esa gente racional, que por raciocinio entiende tirarse a sus compañeras ejecutivas durante los viajes de negocios, no puede sino concluir lo mismo que b:sequiur: que esos pinches desaliñados, tatuados, con perforaciones y jeta de no haber dormido 3 años por andar pegados a una botella de alcohol, son súper ambiguos para la industria, y por tanto "SecureInfor" no está para andar promoviendo exóticas puterías. F, H, P, R y Macareno reciben así la confirmación de que están haciendo las cosas excelentemente bien. No hay como el semblante horrorizado de un trajeado, para saber que vas por el camino adecuado, derechito a reventarles el hocico.

Hasta el año 2008 en la universidad, las reuniones con Macareno se han mantenido patrimonio de un cierto número de malandros exclusivamente miembros del más cercano círculo del dueño de la casa. Llevar cartones de "Bohemia", y treparse a las naves los viernes por la tarde, es un ritual común entre ellos y sobretodo la participación puntualísima en cualquiera de los selectos antros, dispuestos alrededor de la universidad como el famosísimo Nada Personal.

"¡¡Ahí vienen los mariachis!!" retumba el grito de alarma en una de las tantas fiestas del Nada (refiriéndose especialmente a mi quinteto) que en comparación con los demás "antros" suele tener mejor música y mejores meseras. Pero esto para los mariachis sigue siendo poca cosa, porque como la gente de la fiesta ya lo sabe, los mariachis siempre están ávidos y nunca conformes: F, H, P y Macareno llegan a acabarse el alcohol, a acaparar a las morras, y en consecuencia a armar un sonoro cataclismo por doquier. Con los mariachis va siempre R claro.

R que muy difícilmente siente deseos de romperse el hocico con alguien, ha encontrado en excesos, escándalos y sobretodo en las semillas de la virgen morelense, la milagrosa posibilidad de trastornar al mundo, lo que en condiciones normales rara vez se atreve a hacer. Estarse quieto. Pasarla bien, relajado, volverse a un tiempo solo un espectador del desmadre y ser protagonista de un mundo que exige la inteligencia y la astucia, si se quiere ser lo que se dice "apto".

Los demás maricones del antro, "estudihambres" (y no tan estudihambres), copias exactas de un "mirrey" cualquiera, desde ahorita ya se quedaron atrás. Para ellos el futuro es una oficina privada, una mujer (o un hombre) ornamental y una familia con escuincles de por medio, mientras que los mariachis difícilmente se imaginan un futuro donde la santidad y la pulcritud, virtudes que son de lo más dudosas, tengan un encuentro con ellos.

Macareno había planeado entrar a la universidad dispuesto a sostener la etiqueta de "ñoño de los mil soles", dedicarse a ser un alumno modelo, y dejar su oscuro pasado como valemadrista. Sin embargo, en esos años de sendas chingas escolares, Macareno regresa al lado oscuro y poco a poco vuelve a recorrer X número de fiestas satelucas, sanangelonas, coyoacastrenses, y condesienses. Es 2009 ya, y el radio vomita con más fuerza los ritmos sugerentes latinos de Don Omar, Daddy Yankee y demás disonantes torturas (para muchos), pero que hasta los más inclementes terminan por bailar en cualquier fiesta "defeña" (cualquier chingadera dicha en una buena tonada se vuelve un himno, ese el poder de la música); Michael Jackson ya está bien frío, y a los Vives Latinos de presentación anual, les sigue resultando el destino de entretener a miles de jóvenes, en esos escenarios transformados en islas de la cannabis y la sativa. Este rock que sobrevivió desde los 60's, en las peores condiciones posibles, sigue teniendo un espacio en la Ciudad de México, y planea que esos ecos por siempre perduren. Ojalá. Esos sonidos y esos delirios de: me importan "30 hectáreas de verga" el mundo y sus designios ya tomaron posesión del cerebro de Macareno.

El cuento de la Bella Durmiente ya casi finaliza su página pues en el 2009, Macareno & friends están a punto de graduarse, y se alistan para la marea que acontece.

La prepa te trae la posibilidad de dejar de ser virgen. Es decir, si eres tan virgen como es posible llegar a estarlo, cuando nadie te ha enseñado a planchar unas camisas decentes, y tienes por colegas a una bola de inútiles, que para acabarla de chingar, son igual de vírgenes que tú, no tienes mucho chance de desvirgarte como se debe. Así, P y H forman su primer gran clan, los cuates biculturales (vírgenes) de la prepa.

No son la gran cosa, pero cuando se enteran, en la prepa las féminas son capaces de arrastrarte más rápido de lo que tú a ellas. Un día para (mala) suerte del neófito, le toca exponer a P, junto a cuatro mujercitas de alta "dimensión", en la clase de Multimedios (Multi-miedos), materias en las cuales las señoritas consienten a los vírgenes geeks para que hagan todo el trabajo, y que no se ensucien sus uñitas de pirujita postiza, pero el muchacho aún no se encuentra listo para afrontar semejante travesía por las dulces mieles de las hembras, y desconoce por completo la estrategia para sacar provecho de su situación. Se encuentra rodeado de mujeres por cinco días seguidos, que es el tiempo que toma preparar la exposición, pero está pasmado y no elabora ningún movimiento para rozar una chichi, o pellizcar alguna nalga. Apenas puede hablar. Todo queda listo para el certamen, con la notable excepción de que P, el expositor estrella, el futuro Tech-Guy de las Insólitas, se está meando de miedo y se caga para adentro, porque resulta que cosas como un público, un escenario lleno de mujeres con minifalda y blusas pegadas, respirándole en la nuca, todavía a sus 14 añitos le caen peor que un paquete de inyecciones de penicilina a Gokú.

Años más tarde, solo hubo a la mano un antídoto capaz de hacer que P suba a cualquier lugar y haga prácticamente lo que sea, sin que lo despedacen los nervios: en la etiqueta dice Jhonny Walker y dentro trae como un litro. P acostumbra zumbarse más de un cuarto del milagroso líquido antes de hacer cualquier cosa que contenga un grado considerable de dificultad. Pero la exposición de la prepa, resultó totalmente desastrosa, por no decir que P navegó en las oscuras mareas del ridículo, frente a su *harem* de mujeres. Lo mejor es olvidarlo. Todos lo olvidan a excepción de P, que después de esta refriega se pone como aureola en el nombre, uno que ya no se va a querer quitar jamás y que le servirá para sacar las garras contra lo que sea, juzgándose muy machito: P "El Conan (emia)". Así nació el supervillano.

Al finalizar el 2014, el trabajo de las Insólitas en la comunidad hacker de México prosigue una ascensión asombrosamente meteórica. F y P se encuentran en "yankeelandia" terminando un grado académico, pero ellos no son los únicos que se preguntan cuándo va a romperse el hechizo y dejarán de vivir las situaciones que poco más de siete años antes, un super nerdo hubiera sido incapaz de imaginar sabiéndose soberanamente pazguato.

F: Una vez, en un viaje de trabajo por USA, se me acercó un tipo que bajó de una limusina, mientras yo estaba sentado en una banca y me dijo: "Te vi en la conferencia que diste sobre "Malware", te pago 3 millones de euros si presentas mi examen de maestría". Al principio, pensé que era un montaje, una broma, incluso llegué a tener un poco de miedo y desconfianza (Paranoia mode: On), pero era muy en serio: resulta que el hombre venía de una familia súper rica en Suiza y llegó a la universidad para adquirir un posgrado, porque en su familia (y para perdurar el linaje según esto) cada miembro debía salir mínimo con la maestría, no importando la carrera. Si no, no heredaría el negocio, ni la fortuna. Él, debía presentar un examen de la facultad de Ciencias Computacionales, y se veía visiblemente preocupado. Me dijo que había pagado a otra persona, para que asistiera a los cursos de su Master durante un año, pero que recién lo abandonaba, (y de la carrera además, ya le había pagado a otro supuestamente ¡¡durante cuatro años!!) pues aunque ostentaba un título de Ingeniería, en realidad, él no poseía conocimientos de nada. Como pude, me zafé de él pero me dejó sus datos por si cambiaba de opinión. Lo que en realidad, taladró mi mente los próximos minutos fue: "Si esta historia es real, ¿cómo puede una universidad de primer mundo no darse cuenta del engaño? ¿O es que acaso también forman parte del mismo?" Vaya que si hay personas, que literalmente cagan dinero.

R: Estar con las Insólitas, significó siempre estar en un lugar mágico y reconfortante, pero la verdad es que nos andábamos peleando muy seguido. Nos zurrábamos el palo. En especial P y Macareno, había días en que no se soportaban. De repente Macareno salía bufando hacia su cuarto, mentándonos la madre. H se quedaba calladito y ya no te pelaba. F se metía al refrigerador tal cual y se ponía a tragar como pinche bulímica, P se perdía con mirada ausente en su monitor y unos 15 minutos después, se largaba.

Programan. Han desarrollado una habilidad tan extraña que les permite crear aplicaciones de todos los sabores y colores, mientras prueban otras, y las estrenan por GitHub esa misma noche. Intentan con diversos tipos de lenguajes y de "frameworks", se aíslan mucho tiempo, y sobre todo se aíslan de todo lo que no sea su computadora, porque saben que no hay nada mejor que puedan hacer.

Realmente desconocen si están dejando un verdadero legado, como los grupos de hackers más reconocidos, o solamente se engañan a sí mismos, a veces no saben si lo que crean sirve en realidad para algo, únicamente se dejan ir sin hacerse demasiadas preguntas, y al mismo tiempo a nadie le interesa hacerse preguntas de ningún tipo.

A estas alturas de la carrera, el hacking es el hacking, pero si se te ocurre simplemente subirte a las nubes, vas a toparte con una caída hasta el fondo del abismo, pues siempre encontrarás que nunca eres lo suficientemente bueno para ello. En especial, cuando se trata de que tú lo hagas. El grupo Las Insólitas Imágenes de Loradana, ya tiene un destino podríamos decir, y es el de convertirse en grupo de culto, que no es lo mismo que tornarse un grupo reconocido. No se puede esperar un CdC reloaded o un Anonymous 2.0, o un Raza Mexicana con roids. Todos saben que son diferentes, pasajeros y hasta sustituibles.

Los mismos monos que en los foros y en las conferencias, se proclaman como fieles seguidores de las Insólitas, no son precisamente unos valientes rompedores de madre estilo porros de "La Rebel" de los Pumas, ni unos rudos renegados como Lorenzo Lamas. Los individuos que son parte de las Insólitas, en realidad son una mera referencia, y un escudo, para esa banda de tímidos, y corazones insociables, los cuales su vida es enteramente una luz al final del UTP. Y los otros, que no son más que una bola de desmadrosos (como yo) han hallado en los excesos bizarros y delirantes de las Insólitas, un ajetreo propicio para dejarse ir de cabeza, hacia una jungla en donde lo que se hace es contemplar el feliz arribo de la siguiente borrachera.

"No hay planes, no hay mañana, no existe un compromiso formal, no dejaremos huellas absolutamente, solo existimos nosotros. Solo existe el ahora" dicen F, H, P, R, y Macareno. Teclean, codean, hardcorean, hackean, comparten, crean, muestran, toman, inhalan, vomitan como desesperados, y ese sentimiento es algo sobre lo que no se puede mandar. Mientras existieron, Las Insólitas jamás fueron de otra manera.

*****

La voz de los muertos

"Trump,celebrating Martha's birthday.
Guess where? Cancun,And you will never be invited.
You are not wellcome
Marta.I love you an your birthday,
PRECISELY BECAUSE YOU ARE MEXICAN.
VIVA MEXICO.
This's beautifull Marta my love!
its birthday.
What do you know about Love?
Or you just know about hating . How sad!"

Vicente Fox (ex presidente de México)
en una batalla real de tweets contra Donald Trump, año 2016.

Somos testigos que en la actualidad, las innovaciones tecnológicas han modificado la forma de hacer campañas políticas. Por ejemplo las redes sociales son ahora, uno de los canales principales entre los partidos, sus candidatos y los votantes, y esto se traduce igualmente en que la cantidad de información que fluye en internet sirva para efectuar predicciones, sobre los rumbos de los propios candidatos y sus adversarios en sus carreras electorales; dicha información se utiliza entre otras cosas, para mandar mensajes, mantener posiciones políticas y extender estrategias de campaña.

Con la debida reserva sobre la veracidad de lo que voy a compartir a continuación, Bloomberg publicó un reportaje sobre un personaje que responde al nombre de Andrés Sepúlveda, quien admite haber utilizado herramientas cibernéticas y técnicas hacker, para manipular resultados electorales en toda América Latina. Por supuesto, el artículo generó una enorme controversia, sobre todo al destapar las diversas tácticas en la oscuridad efectuadas por la clase política, para atacar a la oposición o manipular a la opinión pública.

Personalmente, no considero posible que una sola persona sea capaz de influir de forma tan crucial, el resultado de una elección electoral considerando únicamente medios digitales. Aunque es evidente que hoy en día, la tecnología juega un papel fundamental en la vida cotidiana de cualquier profesión, la victoria de un candidato político depende de una gran cantidad de variables, que no pueden ser controladas al cien por ciento por un hacker.

Afortunadamente "hackear" una elección todavía al día de hoy, es altamente improbable, de acuerdo a lo dicho por los expertos (¿cuáles expertos?).

Les comparto extractos íntegros del texto de Blooomberg <porque la paráfrasis no me parece adecuada en este tipo de escritos> donde se revela cómo este individuo, Andrés Sepúlveda, operó en las elecciones mexicanas del año 2012. (Si desean ver el reportaje completo, se encuentra disponible el enlace en la nota al pie.)[35]

"Justo antes de la medianoche Enrique Peña Nieto anunció su victoria como el nuevo presidente electo de México. Peña Nieto era abogado y millonario, proveniente de una familia de alcaldes y gobernadores. Su esposa era actriz de telenovelas. Lucía radiante

---

[35] Cómo hackear una elección. Bloomberg businessweek. Jordan Robertson, Michael Riley, y Andrew Willis. 31 de marzo, 2016. Recuperado de: http://www.bloomberg.com/features/2016-como-manipular-una-eleccion/

mientras era cubierto de confeti rojo, verde y blanco en la sede central del Partido Revolucionario Institucional (PRI), el cual había gobernado por más de 70 años, antes de ser destronado en el año 2000. Al devolver el poder al PRI en aquella noche de julio de 2012, Peña Nieto prometió disminuir la violencia ligada al narcotráfico, luchar contra la corrupción y dar inicio a una era más transparente en la política mexicana.

A dos mil millas de distancia (3.200 kilómetros), en un departamento en el lujoso barrio de Chicó Navarra en Bogotá, Andrés Sepúlveda estaba sentado frente a seis pantallas de computadoras. Sepúlveda es colombiano, de constitución robusta, con la cabeza rapada, perilla y un tatuaje de un código QR con una clave de cifrado, en la parte trasera de su cabeza. En su nuca están escritas las palabras "</head>" y "<body>", una encima de la otra, en una oscura alusión a la codificación. Sepúlveda observaba una transmisión en directo de la celebración de la victoria de Peña Nieto, a la espera de un comunicado oficial sobre los resultados.

Cuando Peña Nieto ganó, Sepúlveda comenzó a destruir evidencia. Perforó memorias USB, discos duros y teléfonos móviles, calcinó sus circuitos en un microondas, y luego los hizo pedazos con un martillo. Trituró documentos, los tiró por el excusado, y borró servidores alquilados de forma anónima en Rusia y Ucrania mediante el uso de bitcoins. Desbarataba la historia secreta de una de las campañas más sucias de Latinoamérica en los últimos años.

Sepúlveda, de 31 años, dice haber viajado durante ocho años a través del continente manipulando las principales campañas políticas. Con un presupuesto de US$600.000, el trabajo realizado para la campaña de Peña Nieto fue de lejos el más complejo.

Encabezó un equipo de seis hackers que robaron estrategias de campaña, manipularon redes sociales para crear falsos sentimientos de entusiasmo y escarnio, e instaló spyware en sedes de la oposición, todo con el fin de ayudar a Peña Nieto, candidato de

197

centro derecha, a obtener la victoria. En aquella noche de julio, destapó botella tras botella de cerveza Colón Negra a modo de celebración. Como de costumbre en una noche de elecciones, estaba solo.

La carrera de Sepúlveda comenzó en 2005, y sus primeros fueron trabajos fueron menores - consistían principalmente en modificar sitios web de campañas y violar bases de datos de opositores con información sobre sus donantes. Con el pasar de los años reunió equipos que espiaban, robaban y difamaban en representación de campañas presidenciales dentro de Latinoamérica. Sus servicios no eran baratos, pero el espectro era amplio. Por US$12.000 al mes, un cliente contrataba a un equipo que podía hackear teléfonos inteligentes, falsificar y clonar sitios web, enviar correos electrónicos y mensajes de texto masivos. El paquete premium, a un costo de US$20.000 mensuales, también incluía una amplia gama de intercepción digital, ataque, decodificación y defensa. Los trabajos eran cuidadosamente blanqueados a través de múltiples intermediarios y asesores. Sepúlveda señala que es posible que muchos de los candidatos que ayudó no estuvieran al tanto de su función. Sólo conoció a unos pocos.

Sus equipos trabajaron en elecciones presidenciales en Nicaragua, Panamá, Honduras, El Salvador, Colombia, México, Costa Rica, Guatemala y Venezuela. Las campañas mencionadas en esta historia fueron contactadas a través de ex y actuales voceros; ninguna salvo el PRI de México y el Partido de Avanzada Nacional de Guatemala quisieron hacer declaraciones.

De niño, fue testigo de la violencia de las guerrillas marxistas en Colombia. De adulto se unió a la derecha que emergía en Latinoamérica. Muchos de los esfuerzos de Sepúlveda no rindieron frutos, pero tiene suficientes victorias como para decir que ha influenciado la dirección política de la América Latina moderna, en el siglo XXI. "Mi trabajo era ejecutar acciones de guerra sucia y operaciones psicológicas, propaganda negra, rumores, en fin, toda la parte oscura de la política que nadie sabe que existe pero que todos ven", dice sentado en una pequeña mesa de plástico en un patio exterior ubicado en lo profundo de las oficinas sumamente resguardadas de la Fiscalía General de Colombia. Actualmente, cumple una condena de 10 años por los delitos de uso de software malicioso, conspirar para delinquir, violación de datos y espionaje conectados al hackeo de las elecciones de Colombia de 2014. Accedió a contar su versión completa de los hechos por primera vez, con la esperanza de convencer al público de que se ha rehabilitado y obtener respaldo para la reducción de su condena.

Generalmente, señala, estaba en la nómina de Juan José Rendón, un asesor político que reside en Miami y que ha sido catalogado como el Karl Rove de Latinoamérica. Rendón niega haber utilizado a Sepúlveda para cualquier acto ilegal y refuta de forma categórica la versión que Sepúlveda entregó a *Bloomberg Businessweek* sobre su relación, pero admite conocerlo y haberlo contratado para el diseño de sitios webs. "Si hablé con él, puede haber sido una o dos veces, en una sesión grupal sobre eso, sobre el sitio web", declara. "En ningún caso hago cosas ilegales. Hay campañas negativas. No les gusta, de acuerdo. Pero si es legal lo haré. No soy un santo, pero tampoco soy un criminal" (Destaca que pese a todos los enemigos que ha acumulado con el transcurso de los años debido a su trabajo en campañas, nunca se ha visto enfrentado a ningún cargo criminal). A pesar de que la política de Sepúlveda era destruir todos los datos al culminar un trabajo, dejó algunos documentos con miembros de su equipo de hackers y otras personas de confianza a modo de "póliza de seguro" secreta.

Sepúlveda proporcionó a *Bloomberg Businessweek* correos electrónicos que según él muestran conversaciones entre él, Rendón, y la consultora de Rendón, acerca del hackeo y el progreso de ciberataques relacionados a campañas. Rendón señala que los correos electrónicos son falsos. Un análisis llevado a cabo por una empresa de seguridad informática independiente demostró que un muestreo de los correos electrónicos que examinaron, parecen ser auténticos. Algunas de las descripciones de Sepúlveda sobre sus actividades concuerdan con relatos publicados de eventos durante varias campañas electorales, pero otros detalles no pudieron ser verificados de forma independiente. Una persona que trabajó en la campaña en México y que pidió mantener su nombre en reserva por temor a su seguridad, confirmó en gran parte la versión de Sepúlveda sobre su función y la de Rendón en dicha elección.

Rendón y Sepúlveda procuraron no ser vistos juntos. Se comunicaban a través de teléfonos encriptados que reemplazaban cada dos meses. Sepúlveda señala que enviaba informes de avance diarios y reportes de inteligencia desde cuentas de correo electrónico desechables, a un intermediario en la firma consultora de Rendón.

Cada trabajo culminaba con una secuencia de destrucción específica, codificada por colores. El día de las elecciones, Sepúlveda destruía todos los datos clasificados como "rojos". Aquellos eran archivos que podían enviarlo a prisión a él y a quienes hubiesen estado en contacto con ellos: llamadas telefónicas y correos electrónicos interceptados, listas de víctimas de piratería informática e informes confidenciales que preparaba para las campañas. Todos los teléfonos, discos duros, memorias USB y servidores informáticos eran destruidos físicamente. Información "amarilla" menos sensible - agendas de viaje, planillas salariales, planes de recaudación de fondos - se guardaban en un dispositivo de memoria encriptado que se le entregaba a las campañas para una revisión final. Una semana después, también sería destruido.

Para la mayoría de los trabajos Sepúlveda reunía a un equipo y operaba desde casas y departamentos alquilados en Bogotá. Tenía un grupo de 7 a 15 hackers que iban rotando y que provenían de distintas partes de Latinoamérica, aprovechando las diferentes especialidades de la región. En su opinión, lo brasileños desarrollan el mejor malware. Los venezolanos y ecuatorianos son expertos en escanear sistemas y software para detectar vulnerabilidades. Los argentinos son artistas cuando se trata de interceptar teléfonos celulares. Los mexicanos son en su mayoría hackers expertos, pero hablan demasiado. Sepúlveda sólo acudía a ellos en emergencias.

En México, el dominio técnico de Sepúlveda y la gran visión de política despiadada de Rendón confluyeron plenamente, impulsados por los vastos recursos del PRI. Los años bajo el gobierno del presidente Felipe Calderón y el Partido Acción Nacional, PAN) se vieron plagados por una devastadora guerra contra los carteles de drogas, lo que hizo que secuestros, asesinatos en la vía pública y decapitaciones fuesen actos comunes. A medida que se aproximaba el 2012, el PRI ofreció el entusiasmo juvenil de Peña Nieto, quien recién había terminado su período como gobernador.

En la práctica, México cuenta con tres principales partidos políticos y Peña Nieto enfrentaba tanto a oponentes de derecha como de izquierda. Por la derecha, el PAN había nominado a Josefina Vázquez Mota, la primera candidata del partido a presidenta. Por la izquierda, el Partido de la Revolución Democrática (PRD), eligió a Andrés Manuel López Obrador, ex Jefe de Gobierno del Distrito Federal.

Las primeras encuestas le daban 20 puntos de ventaja a Peña Nieto, pero sus partidarios no correrían riesgos. El equipo de Sepúlveda instaló malware en los enrutadores, del centro de comando del candidato del PRD, lo que le permitió interceptar los teléfonos y computadoras de cualquier persona que utilizara la red, incluyendo al candidato. Realizó acciones similares contra Vázquez Mota del PAN. Cuando los equipos de los candidatos preparaban discursos políticos, Sepúlveda tenía acceso a la información tan pronto como los dedos de quien escribía el discurso tocaban el teclado. Sepúlveda tenía conocimiento de las futuras reuniones y programas de campaña, antes que los propios miembros de cada equipo.

El dinero no era problema. En una ocasión Sepúlveda gastó US$50,000 en software ruso de alta gama que rápidamente interceptaba teléfonos Apple, BlackBerry y Android. También gastó una importante suma en los mejores perfiles falsos de Twitter, perfiles que habían sido mantenidos al menos un año, lo que les daba una pátina de credibilidad.

Sepúlveda administraba miles de perfiles falsos de este tipo y usaba las cuentas para hacer que la discusión girara en torno a temas como el plan de Peña Nieto para poner fin a la violencia relacionada con el tráfico de drogas, inundando las redes sociales con opiniones, que usuarios reales replicarían. Para tareas menos matizadas, contaba con un ejército mayor de 30.000 cuentas automatizadas de Twitter que realizaban publicaciones para generar tendencias en la red social. Una de las tendencias en redes sociales a las que dio inicio, sembró el pánico al sugerir que mientras más subía López Obrador en las encuestas, más caería el peso. Sepúlveda sabía que lo relativo a la moneda era una gran vulnerabilidad. Lo había leído en una de las notas internas del personal de campaña del propio candidato.

Sepúlveda y su equipo proveían casi cualquier cosa que las artes digitales oscuras podían ofrecer a la campaña de Peña Nieto o a importantes aliados locales. Durante la noche electoral, hizo que automáticamente se llamaran a miles de votantes en el estratégico y competido estado de Jalisco, a las 3:00a.m., con mensajes pregrabados. Las llamadas parecían provenir de la campaña del popular candidato a gobernador de izquierda Enrique Alfaro Ramírez. Esto enfadó a los votantes —esa era la idea— y Alfaro perdió por un estrecho margen. En otra contienda por la gobernación, Sepúlveda creó cuentas falsas en Facebook de hombres homosexuales que decían apoyar a un candidato católico conservador que representaba al PAN, maniobra diseñada para alienar a sus seguidores. "Siempre sospeché que había algo raro", señaló el candidato Gerardo Priego al enterarse de cómo el equipo de Sepúlveda manipuló las redes sociales en la campaña.

En mayo, Peña Nieto visitó la Universidad Iberoamericana de la Ciudad de México y fue bombardeado con consignas y abucheado por los estudiantes. El desconcertado candidato se retiró junto a sus guardaespaldas a un edificio contiguo, y según algunas publicaciones en medios sociales se escondió en un baño. Las imágenes fueron un desastre. López Obrador repuntó.

El PRI logró recuperarse luego que uno de los asesores de López Obrador fue grabado pidiéndole a un empresario US$6 millones para financiar la campaña de su candidato, que estaba corta de fondos, lo que presuntamente habría violado las leyes mexicanas.

Pese a que el hacker dice desconocer el origen de esa grabación en particular, Sepúlveda y su equipo habían interceptado las comunicaciones del asesor Luis Costa Bonino durante meses. (El 2 de febrero de 2012, Rendón le envió tres direcciones de correos electrónicos y un número de celular de Costa Bonino en un mail titulado "Trabajo"). El equipo de Sepúlveda deshabilitó el sitio web personal del asesor y dirigió a periodistas a un sitio clonado. Ahí publicaron lo que parecía ser una extensa defensa escrita por Costa Bonino, que sutilmente planteaba dudas sobre si sus raíces uruguayas violaban las restricciones de México, sobre la participación de extranjeros en elecciones. Costa Bonino abandonó la campaña pocos días después. Recientemente señaló que sabía que estaba siendo espiado, solo que no sabía cómo. Son gajes del oficio en Latinoamérica: "Tener un teléfono hackeado por la oposición no es una gran novedad. De hecho, cuando hago campaña, parto del supuesto de que todo lo que hable va a ser escuchado por los adversarios".

La oficina de prensa de Peña Nieto declinó hacer comentarios. Un vocero del PRI dijo que el partido no tiene conocimiento alguno de que Rendón hubiese prestado servicios para la campaña de Peña Nieto o cualquier otra campaña del PRI. Rendón afirma que ha trabajado a nombre de candidatos del PRI en México, durante 16 años, desde agosto de 2000 hasta la fecha.

En julio de 2015, Sepúlveda se sentó en un pequeño patio central del "Búnker", se sirvió un café de un termo y sacó un paquete de cigarrillos Marlboro. Dice que desea contar su historia, porque la gente desconoce el alcance del poder que ejercen los hackers en las elecciones modernas o el conocimiento especializado que se requiere para detenerlos. "Yo trabajé con presidentes, personalidades públicas con mucho poder e hice muchísimas cosas que finalmente, de absolutamente ninguna me arrepiento porque lo hice con plena convicción y bajo un objetivo claro, acabar las dictaduras y los gobiernos socialistas en Latinoamérica", señala. "Yo siempre he dicho que hay dos tipos de política, la que la gente ve y la que realmente hace que las cosas pasen, yo trabajaba en la política que no se ve".

Tres semanas después del arresto de Sepúlveda, Rendón fue obligado a renunciar a la campaña de Santos en medio de acusaciones de la prensa, sobre cómo había aceptado US$12 millones de narcotraficantes y se los había entregado al candidato, hecho que él niega.

Según Rendón, funcionarios colombianos lo interrogaron poco tiempo después en Miami, lugar donde reside. Rendón señala que los investigadores colombianos le preguntaron sobre Sepúlveda y les dijo que la participación de este, se limitaba al desarrollo de sitios web.

Rendón niega haber trabajado con Sepúlveda de forma significativa. "Él dice que trabajó conmigo en 20 lugares y no, no lo hizo", afirma Rendón. "nunca le pagué un peso".

El año pasado, medios colombianos señalaron que según fuentes anónimas Rendón trabajaba para la campaña presidencial de Donald Trump. Rendón dice que los informes son falsos. La campaña se acercó a él, pero los rechazó porque le desagrada Trump. "Según tengo entendido, no estamos familiarizados con este individuo", señala la vocera de Trump, Hope Hicks. "No había escuchado su nombre, y tampoco lo conocen otros altos miembros de la campaña". Sin embargo, Rendón dice estar en conversaciones con otra de las principales campañas presidenciales de Estados Unidos - no quiso decir cuál - para comenzar a trabajar con ellos una vez que concluyan las primarias y comiencen las elecciones…"

*****

"¿Qué ocurre Transylvania? ¿Por qué interrumpes mi charla con mi distinguidísima visita? ¿Qué quieren esas gentes? Ah…mi consejo, mi consejo… otra vez… si si ahora recuerdo, que somos unos consultores cotizadísimos de alto pedorraje ¿no? Aunque yo creo que más bien les haría mejor mi bendición. Después de todo, mi tía abuela tenía razón sobre mi vocación sacerdotal. Pero nunca confíes en un religioso practicante, recuerda que algunos se comen hasta a su Dios. Sin embargo, cuando llegan queriendo (a huevo) que soluciones cualquier problema, lo que en verdad pretenden es una bendición tuya. "Lo imposible lo hacemos de inmediato, para los milagros tardamos un poco más"… *In nomine patris…et fili…sancti…*con eso tienen Transylvania, cuélgales el teléfono por favor.

¿Has sentido alguna vez lo que es tener a un millón de zombies postrados frente al monitor listos para disparar? Es una delicia. Esa sensación te atrapa entre sus garras y te recuerda que eres una caquita de mosca flotando entre toneladas y toneladas de basura. Y aún con lo poco que vale la inmundicia, la caquita de mosca es mil veces más deliciosa. La coprofagia tiene su deleite. Igual que la red de redes porque no te adopta, te soborna. Te compra y te tira, por eso la quieres. Y querer así envicia totalmente.

En eso si tú y yo nos parecemos: tenemos sentimientos muy indeterminados sobre lo que en realidad existe ahí adentro de los cables llenos de bits y bytes. Sabemos que no es lo que parece. Sentimientos encontrados, y no porque sean distintos, sino por el milagro de que se encontraran, después de tanto buscarse, creo. Aunque no sé si esté muy bien llamar milagro a esa puta catástrofe que me tuvo escondido diariamente para agazaparme en la guarida de Macareno, junto a mis Jedis Digitales.

Como que me voy a los extremos todo el tiempo ¿no? ¿O tú qué piensas? A veces, cuando se me sobregira la ardilla y no soporto ni que me miren, o cuando algún asno me hace emputar tanto que provoca se me inflame la próstata, maldigo tanto a los demás que hasta invoco a cualquier deidad o santo para que les vaya mal. "¡Virgen Santísima, que le amputen una pierna a ese hijo de la chingada!". Pero la verdad, el resto del tiempo trato de no pensar en nada más que en mí y mis proyectos o fetiches. O en mis pendejitos...en mis pendejitos... que no sé qué harían sin mí sinceramente.

Imagínate el culo que me dio cuando se te ocurrió contarme que te llamabas igual que yo. Era como decirme: Soy inmune a tus venenos, y a tu palabrería. Y eso no se le dice a alguien como *mua*, ¿me comprendes? Un día, cuando mis niños trabajaban en su centinela, se me ocurrió que a lo mejor la protección no era contra los virus o los gusanos de Internet, sino contra todo el mundo. Y no, no es que sea yo una cucaracha antisocial, ¿ajá? Trabajo de actor, de hacedor de hackers, organizo coartadas, florezco cual camaleón mimético, cargo con el sobrenombre de "consultor" (como todo el mundo), a veces twenty four hours a day, seven days a week, day or night, rain or shine, spring or winter, up and down ¡¡puta madre!!. Me desquicio, me provoco náuseas...y eso me agrada...."

*****

Nos iremos al Mictlán señor.

<<Ellos no vendrán a vernos, les puedo decir que miren a su alrededor, ellos no ganan una chingada, ya lo sé y lo entiendo bien, pero aún con todo y eso, con eso, piensen en aquel castillo que les acabo de construir con naipes, y sabrá entonces usted como pasamos más de un lustro guarecidos en la casa de un tipo, que ya parecía congal, en la que cada uno está protegido por su propia imaginación y clarividencia, (que a la vez nos despedorra brutalmente), sobre todo cuando éramos unos bodrios en la casa, con una infinidad de vicios, y quesos y oréganos y gallos en las fosas nasales y en los pulmones, y en el cerebelo que nos cuenta cuentos de nahuales y chaneques, nacidos del vértigo de Catemaco, y una alacena llena, llenísima, llenérrima de hidromiel antigua, de todo tipo. Parece que nada nunca jamás va a dejar de existir en esta casa-congal, y entonces entran ustedes, aquí a esta habitación, queman el cristal de las pantallas y quieren que les digamos lo que muy a pesar nuestro ya saben, no quieren entender, pero cuando lo hagan, es decir cuando sepan que no pueden saber así, sino de la otra manera, entonces ya sabrán que les llenaremos para siempre de palabras su vientre y esa palabra los hará pudrirse en un calabozo, y les mostraremos su inmensa estupidez, su falta de reflexión, porque ustedes así lo quisieron, mientras tejen toda la expedición segura de que al terminar sus catervas de papel, regresarán a acariciarnos las pelotas, a pasar la noche en silencio tratando de percibir la existencia de nuestra creación, a querer hacerle el amor con toda su voluptuosidad ¿pueden verlo ustedes?. Yo mismo ordené que vinieran, yo mismo invoqué al fuego descaradamente, y los cuatro rostros que no quisieron que los tapáramos pero que al fin cedieron ante nosotros, yo mismo fui a darles el tiro de gracia, con ese sentimiento de querer llevarles a la calaca, y los lleve a entender entonces, a renunciar a muchas cosas, a ver ciertas cosas menos una: lo hicimos, lo creamos, nuestra niña ha sido engendrada por nuestra voluntad y gracias a nuestros designios, con el sueño de cinco sujetos que solitos la fecundaron sin útero alguno, con los sueños de unos hombres que nunca

podrán quebrantar, y que ahora entre todas estas horas de amanecer y la concepción del ser, estará siempre atada a nuestro cordón umbilical, pero ustedes se quedarán siempre igual, muertos donde quiera que se encuentren: sus días están contados, ya no podrán ser más que aquellos ilusos de hace veinte años, que tenían la panacea pero que ahora se les cae ¿no se dan cuenta que su vida ha dependido enteramente y siempre de gente como nosotros, de la gente que ahora dicen los ensucia? Brutos, brutos, brutos, se acaban de tragar la mierda de su propio intestino y ya perdieron el derecho a exponerse. Quisiera perdonarlos pero no podemos, aunque en esta mentira salida de mi reproche, les diré antes de que sea muy tarde: que en este país (México) no hay triunfos ni derrotas, no existe la memoria para el paso de los idealistas en esta tierra bronceada, que todos fuimos, y seremos fantasmas antes incluso de venir al mundo, porque solo los fantasmas rondan en la verdadera vida debajo de la fibra oscura y del coaxial, y todos ellos ya traen (traemos) cargando en el lomo, un sinnúmero de batallas que nos curan del espanto, porque si vemos otra batalla, solo luchamos, y aprendemos a no ser sumisos ante los poderosos, pero corremos el riesgo de ser muertos por ellos. De esto depende tener una vida normal, una mujer con la cual copules, y tengas un hijo, un hijo venido de la carne.

Y todos sentirán la misma repugnancia, ¡¡si si!! la misma malsana repugnancia que se agitará sobre sus sienes, cuando les hierva nuestra hija nacida de los ceros y lejos de su frio malévolo, y la vean dar sus primeros pasos. Verán toda la gestación lenta y oscura de la centinela creada por nuestras palabras y nuestra sangre.

Toda nuestra sangre.

A partir de ahora todo el pulsar de las teclas (con las que me seguiré tocando) en su dialéctica abstracta, a su salud, en nuestro paulatino devenir por el mundo, para nunca regresar, para nunca saber más de las Insólitas, ni siquiera hoy, ni mañana, ni en el día de nuestras muertes.

¡¡Ayyy ayyy ayyy ayyy!! hoy me lleva la catrina, la "Ciriquiciaca" escarlata… >>

(Manifiesto, revelación, sublevación y "testamento" de F. "Chantico" (la de los fuegos del corazón) asciende desde las profundidades del inframundo y se prepara para combatir. <<Anexamos imaginariamente 'Tierra Mestiza' de Los Folkloristas como canción de despedida>>).

Visita a los señores de Xibalbá.

Para el CISO del "robotito verde", el del "logo amarillo" y el de "circulito rojo", se trata de algo que carece de cuerpo y alma, porque ante los ojos de la mayoría de los creadores de software consideran que para hacer su trabajo, deben pintar al cosmos como un canal de los Teletubbies, donde todos somos unos brutos. Estos CISO jamás podrán explicarle al mundo cómo "Chantico" es uno de los grandes chingadazos en la industria del "Hacking" y del mundo mismo.

Según un estudio que me acabo de inventar, solo un 1% de las creaciones, los startups o las invenciones tienen la capacidad de pegarse como mocos en los cerebros de inversionistas, que todo lo ven como un riesgo, aunque esto no refleja enteramente las historias de supuesto éxito, las cuales les dije muy al principio del texto, no habría. O no recuerdo si les dije.

Pero en este caso específico, esto no es Silicon Valley, es la Ciudad de México, y en cualquier barrio de la misma tenemos que soportar los mismos pretextos. A lo mejor, quien sabe, los CISO's no están del todo equivocados, y este nuevo concepto no tiene pies ni cabeza, y lo que las Insólitas llaman de formaególatra un "Next-generation Anti-Virus", no sirve para un carajo. Un concepto capaz no solo de prescindir de muchísimas marcas en la industria, de resolver bastantes conflictos con una simple ejecución, y de proponernos a los usuarios finales un tipo de satisfacción que nos permitiría bajar porno sin temor; sino de enfrentar al supuestamente mendigo vs el rico, al aficionado vs el profesional, a la víctima vs el verdugo, y a Chantico vs las momias de Guanajuato.

Por supuesto, ese cerradísimo gremio no les invita a decir si acepto. Pero ya con la fuerza adquirida, paulatinamente el nombre de Chantico, aparece en los lugares menos previstos de la red. Durante una conferencia estudiantil en el auditorio de la "máxima casa", las Insólitas presentaron al hijo pródigo a los asistentes.

Ciertos personajes se desviaron del tema haciendo preguntas marketineras y pendejadas equivalentes, además de intentar comparar algo que aún no conocían con otras creaturas de distinto linaje. Solo unos pocos, como de costumbre, cuestionaron acerca del funcionamiento de la creación y su esencia natural. Pero gracias al modelo "freemium" inteligentemente (o estúpidamente) manejado por el quinteto, días después, Chantico se encontraba disponible en varios repositorios de descarga como un gran proyecto de valor agregado, cuya autoría pertenecía enteramente al grupo, aunque les quedaba abierto al público conocedor, alumbrado por la suntuosidad del código. Impetuosamente, Chantico se cuela a varios foros bastante consultados, así como algunos otros repo's; es mencionado en ciertos blogs especializados, y hasta se comienza a indexar como una misteriosa "tool open-source" en las abisales aguas de las redes "onion".

Y es en este momento cuando polillas tecnológicas, empresarios, magnates y demás especímenes, ven la oportunidad de sacar provecho de una carnita tierna y fresca, que francamente no ha sido fabricada en un rastro cualquiera, sino que proviene de una granjita cuidada y crecida con suma delicadeza. Las Insólitas se dan cuenta que ahí se encuentra la cumbre de su conjunción y el éxito que debían alcanzar.

La mayoría de los ignorantes, hasta este momento en que yo me decidí a disque narrar esto, no conocen la historia de Chantico, ni la de las Insólitas, y de esta forma no verán que de la colonia "México 86-La Chacona", también salen perlas blancas y brillantes hacia la humanidad. *Urbi et orbi*. "Del municipio de Naucalpan para el mundo".

F: Realmente sabíamos que la agrupación tenía como fin crear algo de este tipo. Digo, no es que fuéramos a hacer un algoritmo para resumir los resultados de búsquedas de manera automática y se lo vendiéramos a Yahoo en 30 millones de dólares, pero nuestro estilo, de manera afortunada o no, fue diferente al estilo monetario del asunto. Tristemente. Tal vez estaremos borrados de la escena, quien sabe. Lo importante de todo, es que nosotros creamos un nuevo paradigma, las personas que queríamos que lo reconocieran así lo hicieron, aunque no te miento…la idea por supuesto era que nos chuparan las bolas. Ahorita eso sigue siendo muy importante, pero también hay otras cosas.

P: Lo que yo hice en Chantico, la inteligencia que le dotamos para que pudiera reconocer cualquier clase de patrón maligno (nos remitimos a la confianza del lector, para no poner ninguna prueba de verosimilitud, ni ninguna clase de porcentaje falso-positivo en este texto, porque, qué hueva), lo que yo hice en las Insólitas, es lo mejor que he hecho en mi vida.

H: Hasta cambiaron la forma de hablarnos. En el SecurInfor del 2015 nos dieron la conferencia magistral. "Caracterización de familias de ataques miméticos mediante Chantico". Curiosamente nos presentaba, el mismo organizador que un año antes nos negara la entrada al evento por no saber vestirnos, por parecer nacos, y porque según, no sabíamos nada de la vida. Ahora, no se cansaba de adularnos. Pero Macareno se burlaba de él, en forma satírica, apersonándolo en su cara y diciéndonos a nosotros, lo que antes nos había dicho el fulano: "¿Y ustedes quienes son o qué? ¡¡Ahhh si si ustedes son las Insólitas Imágenes de la cagada!!".

R: La magia de Chantico estaba en prevenir en lugar de detectar. Suena sencillo pero no lo es. Partimos de un modelo matemático (estocástico y pseudoaleatorio) para desarrollar algoritmos de "machine learning" que permitieran clasificar qué se puede ejecutar en tu computadora y qué no. Este tipo de algoritmos son extremadamente eficientes para no impactar tu sistema y por tanto nuestro paradigma no invita a utilizar ninguna clase de firma o heurística como los "antimalware" comunes. En otras palabras no hay necesidad de descargar firmas cada semana. Estos algoritmos derivados de los modelos, son cargados en el engine de Chantico, y miles de atributos son testeados en todos los archivos que analizamos para determinar si algo es legítimo o no. Esto es el diferencial: los algoritmos que usamos en realidad parsean y dividen cada archivo en una cantidad enorme de pedazos para visualizar características específicas, lo parten en todo tipo de propiedades y lo analizan contra otros archivos, (igualmente partidos) determinando al final si un archivo es malicioso o no. Por supuesto le damos la libertad al usuario para determinar qué hacer con cualquier archivo; pero nuestra particular I.A desarrollada en Chantico, nos permite tener un nivel bastante aceptable de precisión; estos algoritmos aprenden con el paso del tiempo y tienes como resultado una defensa adaptativa que no pasa de moda frente a las nuevas amenazas. Toxico mágico.

(Algo así funciona, aullidos más aullidos menos).

Macareno: Mientras, yo me dediqué a completar un arsenal de códigos maliciosos para probar a la bebota. ¿Cómo íbamos a saber que funcionaba si no la lanzábamos contra las fieras? Era muy lógico, teníamos que hacer testings reales, soltarla en la jungla, usarla como honeypot. ¿Viste alguna vez el comic de Doomsday, el personaje que logró matar a Superman? Pues fue igualito: Nosotros los científicos locos, creamos un feto que era lanzado a un planeta donde abundaban las bestias, las enfermedades, los climas extremos y sobretodo, los crackers. Evidentemente el bebé moría, pero siempre recogíamos los restos. Con el paso del tiempo,

215

lanzábamos un feto mejorado y este sobrevivía a la furia de las bestias, pero era exterminado por una enfermedad. Luego, cuando lo volvíamos a echar, ya mataba a las bestias, era inmune a cualquier germen, soportaba el calor sofocante de la corona del Sol, pero los crackers le hacían ingeniería inversa, descubrían un exploit, o le lanzaban un virus muy inteligente y nuestra beba caía nuevamente. En ese ciclo de múltiples muertes y renacimientos, nuestra criatura obtuvo una fuerza inconmensurable y la capacidad de adaptarse a todo, que la hacía aprender de cualquier clase de enemigo, y si alguien lograba con mucho esfuerzo destruirla, ésta reviviría por si sola y acabaría con aquello que la aniquiló. La evolución vuelta bits. Se volvió el ser definitivo. Así fue como nació Chantico.

Pocos se imaginan que las cosas lleguen tan lejos. Sí, es una buena idea, está desarrollada, es productiva, todos empiezan a reconocerla, pero no hay más cosas en la mesa. Los organizadores brindan una recepción privada en el restaurante Pujol de la Ciudad de México, pero más bien parece un matadero de prensa con los principales expositores del evento. Ellos, desde una distancia prudente en su mesa del exclusivo lugar, pueden observar a placer cómo los conferencistas se van a devorar los unos a los otros, y adicionalmente cómo serán devorados en privado, por los asistentes invitados a tan soberbio suceso. Junto a las Insólitas también presentan otros grupos sus soluciones "estrella" de Software. "In-vision" un vejestorio sacado del cretácico inferior, que piensan es la nueva generación de monitoreo en tiempo real, y "Zylka" un antimalware supuestamente súper mega ligero como una pluma, pero más inservible que un french poodle cuidando la bóveda de Rico McPato. Chantico los madrea sin dificultad. Esta pelea de box presenciada en el restaurante más influyente de la comarca, permite entonces vislumbrar, de qué lado masca la iguana en este negocio del Hacking en México. Los invitados salen con muestras de las soluciones, de "a grapa", pero el futuro ciertamente no está, ni en la ceguera de In-vision, ni en los ladridos de perra en celo de Zylka. El porvenir es fuego, es un monstruo del bosque, es el corazón en llamas, con el rostro en negro y rojo y sus símbolos son una serpiente emplumada y púas del cactus.

Macareno jamás se molestó en parecer un *dandy* frente a las cámaras, y mucho menos frente a toda esa bola de "vendors y brands" que según él montan soluciones falsas, venden humo, juegan con los sentimientos de sus clientes, son innecesarias, se cagan en los contratos de sus mártires, o hacen que les vendas tu alma a cambio de descuentos, exclusivas y otros premios muy comprometedores. O de los que inventan calumnias contra sus mejores competidores, destrozan con total indolencia a los innovadores nacionales, adelgazan o exacerban sus cualidades y sus defectos respectivamente, de acuerdo a su ramera conveniencia y reclaman a sus clientes, agradecimientos de perritos falderos, so pena de quitarles su bendición expelida con la más blanca santidad, en apariencia. O también están aquellos ejecutivos que primero se pusieron la camiseta de alguna marca, la defendieron "a muerte" y después cual Judas Iscariote, la abandonaron por treinta monedas de plata, pero no confiesan que en realidad solo les mueve el dinero y no vender una solución real (lo cual no es malo, simplemente es hipócrita) como si tal confesión, fuera a provocar que nunca vuelvan a tener una erección y requirieran Viagra de por vida. Porque Macareno, nunca habla muy educadamente frente a un auditorio, es cierto, pero también es muy cierto que para él, este tipo de lances de malinchismo, hace que los mande a molestar incesantemente, a sus promiscuas progenitoras.

Cuando las Insólitas aparecen en una conferencia patrocinada por la revista "Corbes" en 2015, junto a "Tendencias de Ciberseguridad", "Ciberseguridad a prueba del enemigo invisible" y "Las principales olas tecnológicas del año", uno realmente tiene que checar dos veces el sitio web, no vaya a ser que la página sea falsa, y el tamaño del churro de mota que se está fumando, para saber que no son visiones. "Corbes" anfitrión de todas las cacas grandes en términos de *bussiness profit & revenue*, los llama como los nuevos "Mesías anahuacas del mundo digital" (porque me dijo

217

alguien muy docto en el tema, que esas mamadas de aztecas, tenochcas y mexicas son nombres inventados por los gringos, y yo le creo) y les invita a participar en sus muy selectos foros organizados con diversos patrocinadores e instituciones de la materia, no sin antes recordarles lo que eso, en cuestión de sastrería, significa.

Obviamente F, H, P, R y Macareno no tienen ni la menor pinche idea de cómo hablar formalmente frente a un auditorio planeado para ser serio, aburrido, árido y menopáusico, y la invitación no resulta ser de lo más placentera, pues no son libres de exponer sus temas propiamente. Los cinco se dedican a departir un tópico, de lo más trillado tipo "Navegando seguro en tu perfil Facebook", con presentaciones tan machas como un osito cariñosito amenazándote con una pistola de burbujas, y realmente ese público parido en el geriátrico, no logra entender cuál es la necesidad de por ejemplo, que P traiga esas greñas de reo, que F deje relucir sus brazos tatuados de carcelero (usando una camisa de manga corta), y que Macareno vista totalmente de negro heavy metal, como si alabara a la Santa Calaca. Porque en México, desde tiempos inmemoriales una persona con esas características es mucho más peligrosa que un sacerdote pedófilo. Este último, al menos usa una sotana. Detalle que resalta que es un ser humano, mega confiable por supuesto.

R: Todos nos volvimos unos pinches vanidosos de mierda.

Macareno: ¿Quién no va a preferir ser adulado por la multitud, a las caricias de una lóbrega prostituta? Nadie en sus cinco sentidos salvo que tenga pedos bien serios en la cabeza.

Después de ser tratados como algo parecido a Jim Morrison región 1586 en el ámbito geek, Las Insólitas pueden asistir a Corbes, pueden presentar a Chantico en la punta del iceberg de Tierra de Fuego, pueden ser adorados en el underground como unos reconocidos sabedores, pero en realidad todo esto sirve para poco

218

menos que una mierda. Las Insólitas ya engendraron a una hija, tiene ya casi un año, su primer diente ya salió, da sus primeros pasitos, el grupo adquirió muchísima reputación (hasta en el lado oscuro de la fuerza) pero no puedes quererte ir a unas vacaciones orgiásticas en Ibiza y decirle a la agencia de viajes: tenga, cóbrese con estos 2 kilogramos de reputación.

Sin embargo, debido a que el grupo de culto Las Insólitas Imágenes de Loradana no empezó como los clásicos startups de Silicon Valley, abandonando todo en busca de un macabro sueño, no tienen una presión sustancial por conseguir muchísima lana con Chantico y demás. Porque había lana, sí, pero no muchísima. "No nos importa el dinero, solo el amor de nuestros fans" decía P citando a Joey DiMagio como un angelito de transparente pureza que se mueve como Nemo entre el piélago de tiburones de este negocio. Pero de todos modos, la fuerza de Chantico puede caer en cualquier momento y esos angelitos de transparente pureza se van a tener que pudrir como la clase obrera, y verse entonces escandalosamente pasados de moda. Macareno razona: Esto suena espantoso, pero aquí hay dinero. Aprende algo: dinero. El dinero es dinero. El grupo termina por aceptar lo que en las juergas de Macareno, siete años antes no se podían imaginar: ponte a negociar tu trabajo, si no quieres terminar negociando tus nalgas.

Alas y garras, colmillos y premolares, Hardcore Programming. Los inversionistas con sus especialistas técnicos, hacen lo que pueden por relacionar conceptos, por entender y traducir un espécimen al que nunca en sus puñeteras vidas han visto, y para el que no existen cuadrantes mágicos, ni precedentes. Para terminarla de chingar, esos inversionistas tienen a cinco "balagardos", que son incapaces de traducir a una jerga mortal, que puedan entender weyes consumistas de Mac Book Pros utilizadas para abrir Word, hacer presentaciones con KeyNote y sincronizar iTunes. Emplean el tiempo, en decirles que ellos crearon a Chantico para agitar el medio y para llegar a una nueva frontera digital, y si están tatuados, no se cortan la greña o se la pasan diciendo malas palabras es por pura pinche hinchazón testicular, pretendiendo, en suma, conservar su derecho a vivir en relación a sus sucias polainas.

A pesar de todo, en esa junta presencial con todos los trajeados de importancia, su fama estalla de forma sustancial y ahora ya no solamente los nerdos con barros y espinillas en la cara, sueñan con tener a una Chantico; el ardor se esparce hasta en CEO's de algunas compañías pequeñas de ciencias aplicadas deseosas de probar nuevas cosas, y en sociedades tecnológicas que desean saber más sobre el centinela, (que en realidad es "la" centinela, a veces no lo escribo bien) y si está disponible ya algún tipo de adquisición, un modelo de distribución, licenciamientos, etc. Las Insólitas no tienen tiempo para manifestar que en este lapso, los han hecho sentirse desvirgados, pues ahora, sus culitos andan como reguiletes y en boca de todos. Incluso en los lugares que menos se imaginan.

Pasada la primavera del 2015, si uno quiere que las Insólitas vayan a dar una conferencia o si quiera se paren a respirar en el mismo sitio que la gente, tiene que pedir un espacio en su agenda con al menos tres meses de anticipación. Gran parte de estas peticiones simplemente se van a importunar a sus progenitoras, sin siquiera haber pasado el primer filtro. Ya hasta en los antros de la Ciudad de México empiezan a saludarlos algunos changos que les dicen "Yo te he visto en alguna parte, Tu forma de beber es inconfundible, Quizá seas un conocido mío, Estuviste en la celebración de la embajada de Londres ¿no?, ¡Ahhh claro! el wey "jaquer" ¿verdad?, ¿Fuiste a la recepción de Corbes?, ¿Tú eras el que le andaba bajando la vieja al hijo del presidente municipal en la pedota de las Lomas?". (Aunque muy posiblemente esto último no sea por Chantico, sino por la fama de alcohólicos).

F: Este universo es infinito y vasto. Eres tan pequeño e insignificante que no vale la pena estar sobrio.

H: Si usted no bebe, mañana se despertará emocionado, lleno de energía y buscando qué hacer. Amigo, usted no es una ardilla ¿por qué se comporta como tal?

P: Y si el mar se convirtiera en aguardiente, en él me ahogaría para morirme borracho.

R: Vi el rostro de Dios en esa cerveza sabor a trigo.

Macareno: ¡¡Denme bastante alcohol y veamos cuan púrpura se pone su Majestad!!

La vida de las Insólitas sucede toda de noche. Es el año 2015, el año del encumbramiento, y la venida de Chantico, pero también la "venida" de Sodoma y Gomorra, el quinteto "se la pasa viviendo de noche, siempre tomando cosas viajando en coche, siempre acompañando a la madrugada, que a veces les entrega su mala cara". O de día, cuando realmente no han decidido que la noche ya ha acabado y el alcohol y la parranda sigue fluyendo a la hora, que para los demás es la hora del Angelus.

Pero aun así, las broncas dentro de las Insólitas no se detienen. H quiere invertir el dinero en expandir a Chantico, y muchos de los pocos fondos que reciben, o de los pagos por los eventos a los que asisten, se dirigen hacia allá, a punta de sus rigurosos huevos. Los otros se mantienen reticentes a la idea de no poder utilizar las jodidas ganancias, para inhalar talco de una cabaretera sueca, con el sudor de su frente. Pero realmente gastarse esa lana en lugar de hacer crecer a Chantico, es como si Buda de repente se aburre de su meditación, cuando ya está a dos pelos de alcanzar el Nirvana, y se mete con estos cuatro cavernícolas a aspirar de las chichis de la sueca. Ya bien lo decía la Madre Teresa de Calcuta: "Si te paraste unas putizas infernales, ya de menos sácales provecho".

Esta insuperablemente venenosa práctica de llevar vidas a la luz de la luna, heredada a través de las noches en que interminables proyectos de programación, obligaran a permanecer despiertos cinco días seguidos y se alquilaran maquillistas para cubrir las apariencias, se revela como una medida viable para conservar la simbiosis y resulta perfectamente compatible en el folklor del quinteto. Esto es un grupo genuino, bien dispuesto, bien compacto y no tonterías. El compromiso y la lealtad son florecitas de pantano que a veces crecen en la suciedad, y mis florecitas de las Insólitas tienen toda la propiedad de ello. Pero toda vida, cuesta dinero y por el momento hay que aguantarle las flatulencias a los pendejos. Buscar nuevas latitudes, cambiar el look, exigir mejores eventos, buscar patrocinio, buscar inversores, soñar con nuevos proyectos, hacer mucho más ruido por todos lados, son las opciones que cada uno, va empezando a delinear en sus sinapsis. Y de hecho, ese es el perfecto camino para que se vuelvan odiados en su propio barrio. El desquiciado éxito de Chantico y de la banda se vuelve ahora una navaja de doble filo.

Porque a veces tus sueños se vuelven las pesadillas de otros.

Lo de menos es que los especialistas los tachen de simples "bloferos" o de "fantoches". Lo de menos es que los ortodoxos en el hacking, la seguridad, las redes y el software se enchilen porque Chantico es una obra creada en las terribles noches de la Ciudad de México. A causa de que sea producto anahuaca. El punto es que, ni esos inversores, ni la old school, ni los más fieros zorros en marketing, CISO's, CEO's, visionarios y demás, jamás pudieron imaginarse que esos 300 megas de tamaño de carpeta pudieran azotar México y varias partes del mundo. Made in México.

Como la ficción supera a la realidad y el 2016 se convierte en el *annus mirabilis*, de unos pudibundos que dos años antes solo se dedicaban a embriagarse (bueno…dos años después es igual), la compañía de circo, maroma y teatro, integrada por los inversores y especialistas ven que Chantico puede alcanzar niveles de rentabilidad tipo robot verde, logo amarillo y bolita roja. Para los puristas, esto es peor que tirarle la boina al Dalai Lama (¿si usa boina no?)

Esta clase de hacker mexicano, acostumbrado a rendir culto a lo que viene de afuera, y ser oprimido al lanzar alguna de sus creaciones, capaz de raparse hasta los pelos púbicos en caso de ser necesario si ve que no hay futuro en sus obligaciones diarias, también es heredero de la misma clase de habilidades de quienes se levantaron para crear e innovar, y se pusieron al tiro contra toda la bola de oscurantistas que desearían verte siempre hundido en la mierda, donde ellos conformes, seguros y placenteros, rebozan de felicidad, hacen bucitos y chapotean.

Sobra decir que este espectáculo malinchista por parte de una minoría, hizo las delicias de los especialistas más destructores. La clase de público al que no le molesta que su jefe, sus amigos, su ligue y su entorno en general los felicite por descargarse un software hecho enterito en el Valle de Anáhuac. Ellos comprendieron perfectamente bien lo que los ultraconservadores no quisieron jamás tragarse: el hecho simple de que el tema con el cual las Insólitas, siempre abrían y cerraban cualquier evento, se descargase de varios repositorios, se posicionara mejor que otras "soluciones" (aunque los cuadros mágicos lo negaran), no convertía al grupo en un símbolo de revolución contra cualquier autoridad o vaca sagrada del tema, ni de oportunismo, o de simple autosatisfacción personal. En sí, no lo convertía ni siquiera en un pionero, ni en algo equiparable a un grupo de culto tal vez, pero si de simbología se trata, podemos decir que Chantico, volvió al nombre de las Insólitas Imágenes de Loradana, algo así como un símbolo de poder. Eso para los ultraconservadores era imperdonable.

"El hombre temerá a las ideas nuevas más que a nada en este mundo, más que a la ruina; incluso, más que a la propia muerte".

2016. Las Insólitas Imágenes de Loradana se han ido al Triángulo de las Bermudas. A veces la malsana realidad abre tus párpados a patadas.

F no es alguien que ejerza su profesión de Ingeniero para mostrar lo que sabe, porque realmente las cosas que sabe según él, son realmente muy pocas, y mucho menos para poner su conocimiento al servicio de la gente, porque eso es algo demasiado indeterminado como para llevarlo a cabo. F se metió a los rollos del underground para descubrir lo que él mismo no era capaz de conocer. Buena parte de esta forma de ser de F, explica muy bien por qué los especialistas tuvieron miedo de patrocinar las excentricidades de Chantico, que no conducían a ningún lado aparentemente, sino a meras especulaciones sin destino alguno, porque esas búsquedas erráticas de F, no solo pertenecían a su humanidad, sino que estaban esparcidas por todo el grupo y ese cambiar constante de ellos, taladrando peligrosamente la inestabilidad, es el destino que nadie en su juicio se atreve a comprar.

Buscando, tratando de encontrar una salida, a esa incertidumbre con Chantico, a encontrar la manera de financiar sus esfuerzos, y sobre todo al implícito y vulgar "veto" y "freno" irremediable que sufrió el quinteto con su creación en el país, llaman entonces poderosamente la atención de un comprador gringo: les dice que lo único que les ofrece es que su creación jamás muera y perdure para siempre en su bóveda de 10 grados Celsius y quizá emerja como el ave fénix en algún tiempo, cuando la humanidad se halle preparada para el acto. Pero nunca bajo la frontera del Río Bravo.

Definitivamente, el mundo no es justo, pero sí es lógico; si te pasas la vida chingando a los demás, de la manera que sea, lo más probable es que muchos se quieran vengar y alguno lo consiga.

Para el quinteto la situación no puede ser más estúpida y absurda. Así no terminan las telenovelas de Thalía, ni las de Lucerito, aquí el millonario y apuesto galán de los tres nombres: "Jose Eduardo de la Vega", "Luis Miguel Lascuráin", "Franco Alejandro Santoro", le dice a la sirvienta que pura de árabe y que no va a tener su final feliz, convirtiéndola en su esposa. Pero la justicia divina, que debe tener un serio protagonismo en casi cualquier historia, (y telenovela que se respete) no va a dejar las cosas de esa manera; un grupo de cazadores de tesoros venido de la región europea occidental, ofrece a las Insólitas Imágenes lo que a los inversionistas, magnates y demás les pareció un derroche mayúsculo: una muy buena lana por su trabajo, y la posibilidad de que se volviera parte de sus tecnologías emergentes a distribuir por el orbe. Lo que el grupo no pudo ofrecerles, y que en realidad ellos nunca se hubiesen atrevido a fantasear, es que Chantico se ofuscara en el panorama global y renaciera como un visionario paradigma a nivel mundial, que el público del hacking a los cuatro vientos se encendiera, y quedara la hiel de Chantico plasmada en la historia como una nueva generación de centinelas, dispuestos a cambiar el modo en que combatimos la cascada de cagaderas "malwarescas" en Internet. *Dixie.*

Los integrantes de las Insólitas uno a uno son secretamente divulgados en la Unión Europea, y así los LANeros de esas longitudes pueden enterarse en el momento mismo del suceso, que Macareno suelta su florido lenguaje a toda la nueva hinchada. Los seguidores mexicanos tampoco han desaparecido y esta idea de expansión a todos nos calienta la inocencia. Se nos dilata la neurona, sentimos ñañaras, se nos escurren las babas, pero a la vez sentimos cierta rabia por el porvenir de Chantico que ahora estará lejos de la tierra que la vio nacer. En este lugar no existen los medios para florecer y desafortunadamente existen carroñeros y bravías que se dedican a descuartizar calladamente todo lo que tocan; en el país no está permitido que Chantico desplace a la caciquera competencia y los ingenieros que todavía la utilizan en sus redes para purificarlas, le juran a sus jefes y se confiesan ante el sacerdote que jamás probaron de sus mieles. Todos los regentes les obligan a sus managers de departamento pasar báscula a cuanta computadora abunde, y limpiarlas de todo lo que no sea "legítimo". Los sumos expertos en Seguridad de Software del Sagrado Corazón del Niño Jesús se persignan cada que escuchan el nombre de Chantico, y se golpean el pecho como aquello que jamás debe volver a ser nombrado, pero lo que no saben es que del otro lado del charco, las cosas marchan excelentemente bien para el quinteto.

De hecho ya no pudieron estar mejor.

Los eventos de "Garnier" suelen ser muy previsibles. Marcas buscando acaparar clientela, edecanes voluptuosas que te dan propaganda tecnológica de la cual no entienden una pizca, coprodependientes, bacteriófagos, secretarias con sus directores recién salidos del motel, también universitarios, tecno-sexuales y relacionados, algunos hackers y en si toda la barriada dependiente de lo que en ese auditorio promociona Garnier. En este nuevo evento va llegando un personal claramente "divergente". Lo recomendable es que de acuerdo al sentido común del evento (y de los organizadores que se encargan de crear famas en sus retratos mágicos), sería tratar de impresionar a la gente con ciertos cambios. Cambios muy imperceptibles, dirá uno de los ejecutivos, aclarando que no van a modificar el mensaje principal de Chantico, sin embargo deben tomar en cuenta que sus competidores, (clientes de ellos) también se encuentran en el magno evento. Los ejecutivos siempre insisten en regar su cajetero encima de cosas que raramente conocen y luego decir que ellos no hicieron nada. Pero este quinteto no se paró ahí, para tirarle mierda a nadie y mucho menos para caerle bien a todo el mundo, con lo que se supone quieren oír; el espectáculo, es el mismo que ellos se han reventado durante los últimos dos años, con sus mismos atuendos provocadores y el silabario sin fronteras digno de una batalla de albures acontecida en "La Coliseo" de Tepito.

En esos dos días de evento, se reunieron toda clase de curiosos que se asemejaron justo a lo pensado en la variedad del grupo, es la primera vez que las personas se clavan en ver un "producto" del país como atracción principal, no en calidad de invitado, y menos de un "a ver si pega", o para que los organizadores les elevaran al calificativo de "decorosos".

Lo que F llama condición alcohólica y que durante las Insólitas aumentará considerablemente, le ha permitido proezas como la de agarrar un micrófono ante un auditorio de 5000 personas, exponer ante ellos sus temas dementes y soportar las balas. Además le ha ayudado para controlar situaciones, (como aquella exposición en la carrera hace ya muchos años) en las que, se supone, debería haber guacareado toda la alfombra y gruñido un centenar de idioteces.

Esa tarde del evento, al igual que el día anterior, constituyó una enorme sorpresa para los asistentes que se permitían escuchar las suculentas pláticas sobre Chantico en el stand de las Insólitas, acompañados de una placentera degustación de chapulines confitados y licor dulce de agave, como muestra del buen gusto a la mexicana patrocinado por el quinteto. Todos se entretienen mirando a esos aparentes "novatos" hasta el clímax de la hora crucial donde la promesa supera la esterilidad con divinas estridencias, y el público enteramente se deja llevar por la curiosidad de un ser al que no conocen y ya reconocen. Esta extraña manera de entrar en comunión, motivada por un todavía más extraño equipo, está muy lejos de convencer a los refinados que toda la vida, se han encargado de ensalzar los productos externos rather than los Made in Mexico. (El Spanglish durante todo el texto se utiliza de forma satírica, por cierto).

Curioso panorama: Ahora que diversas compañías foráneas han tomado en el país los monopolios de las soluciones en diversos ámbitos de tecnología, un grupo como las Insólitas Imágenes de Loradana, adquiere un eco entre ellos y a un nivel más que aceptable. Y es que el monopolio, obligado por la reinvención continua derivada de la misma Ley de Moore, tuvo que perfeccionar sus estrategias comerciales a través de promesas e inflando la necesidad. Los productos debían sonar como una meca para cualquier problema y los artilugios que usaron los ejecutivos y los product managers se volvieron exquisitamente manipuladores. No es raro, que entre tantos castillos de aire, lleguen cinco desfachatados, aprovechen uno de los múltiples "backdoors" en el sistema, y hackeen dentro de él para infiltrarse en sus entrañas reclamando un lugar entre todas esas marcas agigantadas. Por supuesto, con la percha del quinteto ese fue un mérito asombrosamente grande (y dados sus antecedentes para nada limpios) y el segundo mérito sin lugar a dudas, fue hacer que mucha gente descubra las posibilidades que tiene uno de pasearse entre una jauría de depredadores, que no tienen el menor deseo de ser tus aliados. Y mucho menos de no devorarte.

Cuando las Insólitas terminan el evento, por un lado acaban siendo aclamados en el trono mismo de Shiva (no sé si tenga un trono, me vale sorbete si no), y por el otro, acaban siendo defecados bajo la trompa de Ganesha. Pero regresan al cuartel de la Liga de la Justicia conociendo ya varios círculos del Infierno de Dante, y descubren que el Cocitos es un lugar de poca madre. El Cocitos es un sitio donde tu boga y tu sapiencia se confunden con un sutil aroma a meados y tú deambulas con falso placer, entre una bola de gánsteres ampones, que regurgitan tus huesos hasta mezclarlos con el olor a azufre que ofrece esa ciénaga del bajo mundo, en la misma calidez de sus ojos inyectados de sangre. El Cocitos es un sitio donde en una borrachera cerca de un bar de los corporativos de Santa Fe, cuatro miembros del robotito verde, simbolito amarillo, y bolita roja se te acercan con mirada fulminante, porque eres una completa amenaza para su existencia, y tú, invadido de un brutal desconcierto, te chingas, como bien dice la Maldita Vecindad y los hijos del quinto patio en su Pachuco, "un tequila, antes de que empiecen los trancazos" porque te preguntas en ese mismo instante, si esos trajeados vienen a pedirte consejo, vienen a unirse contigo en la tomadera, o bien, vienen a partirte la maraca.

Ese es el precio de querer sobresalir aquí; es menester pisar incontables cantidades de mojones y soportar a veces comértelos.

Tu fortaleza, tu imperturbabilidad, todo el aguante que tengas estarán en tu habilidad para pasártelos sin transformarte en uno.

Si las Insólitas se libraron de salir de cierta manera victoriosos entre todas esas heces, es porque mantuvieron su cerebrito alerta y no les creyeron cual novias despechadas, el paraíso terrenal, del Sol, la Luna y las estrellas, que les prometieron los ejecutivos si guardaban su tecnología, si les "vendían" la patente, o si la congelaban bajo el cero absoluto. Posiblemente esta clase de pedimentos, aderezados con cierta sumatoria de Zaragozas verdes, cambian un poco la jugada, y la visten como de muy tentadora. Pero eso solo provoca que el grupo se vuelva más radical, más rebelde y en sí, hagan lo que se les antoje cuando les apetezca.

Cada conferencia o evento que pasa, hacen saltar la bilis de los ultraconservadores y de los expertos con su manera de pensar, su producto (Chantico), y su forma de ser y de vestir: F se coloca una trinidad de agujeros con picos en el rostro (oreja, labio y ceja) que no se desacomoda ni para ver al Secretario General de la ONU, Macareno luce sus playeras metaleras de frases sugerentes en las recepciones organizadas dentro del patio de la Virreina: "Nosotros nos bebemos el vómito de los sacerdotes" y en general, el grupo luce su greñerío, detalle visto entre los niños bien como propio de vándalos. Progresivamente se vuelven más dulces diría yo. Se dirigen a todo el público como "Carnales, valedores, mijolines, padres, mis reyes, etc." sin preguntarse si los auditorios que frecuentan están preparados para ese tipo de denominaciones. No, no es que sean inmaduros y se hayan quedado anclados en la prepa, ni que sean disolutos, ni disolventes, esto es su forma de vida y se han enviciado con ella. A diferencia de los demás profetas del gremio, que para ser digamos, relajados, lo único que hacen es inventar "chistorines" de lo más tetos, y a pesar de ser en cierta forma iniciados en el camino de la luz (siendo realmente incapaces de sublevarse ante la existencia del sistema, el cual personifica a su chingada madre encarnada), las Insólitas rebasaron las capacidades mercadológicas y de imagen de los monopolios, adquiriendo confianza entre los jugadores, en muy buena parte por la credibilidad de Chantico.

Los trajecitos serios se dieron cuenta finalmente, que el quinteto resulta mejor negocio si se les deja desaguar en libertad. Terminan por comprender que si el caos y la altisonancia funcionan bien, y te metes a arreglarlos, tal vez seas tú el que requiera que lo arreglen. Lo malo es que no todos aceptan esta nueva clase de fe, y entonces comienzan las operaciones de la batería antiaérea.

Un periodista de una conocida revista de ciencias aplicadas, asociada particularmente al sector corporativo y de negocios, habla relativamente bien de Chantico en un artículo publicado en duro, como un desarrollo emergente que pudiera tener cierto impacto en el entorno insalubre de la Seguridad Informática, pero también contenía lo que viene siendo "la jiribilla" escondida entre las líneas y resaltada justo en medio del texto, para acaparar la atención del lector, una vez introducido el tema. "Resulta que esos jóvenes emprendedores tuvieron lo que yo llamaría un golpe de suerte (¡súper sic!), bajo la perspectiva de lo que se requiere para transformar realmente nuestro paradigma mediante una idea novedosa. Se pararon sobre los hombros de gigantes, explotando ideas que ni ellos mismos son capaces de entender en su totalidad, y mucho menos de saber divulgar correctamente. Porque díganme ¿Les parece correcta la manera en que los "creadores" de tan prometedora tecnología, como lo es Chantico sin lugar a dudas, se dediquen a presentar un trabajo serio con esas ínfulas de niños malcriados y de ninguna forma pretendan adaptarse a lo que hemos construido, bajo puntuales esfuerzos basados en la ética y del que día a día pretendemos crecer con profesionalidad y credibilidad? ¿Les parece adecuado que quienes se encuentran detrás de Chantico, intenten colaborar con empresas e instituciones de renombre, solamente pareciendo genios incomprendidos mientras patrocinan burbujeantes coladeras donde abundan un sinfín de excesos y descontroles?..."

Falacia *ad hominem.*

Esta patraña cocinada en un programa de chismes de telenovelas, obrada con tal maestría para calumniar a sus víctimas, es por supuesto, capaz de arruinar la reputación, la imagen, y la carrera de cualquier profesional decente y sumirlo para siempre en las sombras del veto y el olvido...

...pero las Insólitas, gracias a Dios, no son decentes.

Una empresa transnacional también podría catalogarse como un juguete, como una ranfla, como tu novia, incluso. Eso sin lugar a dudas lo saben los dueños de dichas compañías, que se encuentran paseando en autos de lujo, yates, aviones privados, y mujeres que tratan cual piezas de lego, en sus vidas llenas de exuberancias. Gente que se da cuenta que la inteligencia puede diluirse, empaquetarse, ponerle un precio y venderse. Sobretodo cuando esa inteligencia es extraída de sus empleados workaholics, a los que difícilmente les rueda el cheto, y que por tantas horas dedicadas al dueño de la corporación, no pueden ni siquiera imaginarse el color de pelo, del aprovechado que a medio día se está agasajando a su esposa.

En esa cumbre de obreras trabajando para la abeja reina existe de todo: fiestas de Godínez, gente que se pone bien duende únicamente con hablar de marihuana, exquisitas pieles en el departamento de Finanzas, nerdos, geeks, monkeycoders con otros esclavos de la cadena alimenticia del ecosistema, y Macareno.

Para Macareno, esta empresa representa una alternativa para adquirir cierto nivel adquisitivo indispensable en sus placeres banales y carnales, cuyo envolvimiento con la tecnología misma le involucre por supuesto, el uso de su creatividad. La realidad es que Macareno lo sobrelleva como pensando que es la única manera de sacar cantidades de dinero adecuadas a la hora de pedir una limusina de mujeres escandinavas en el Solid Gold.

Sin embargo, es gracias a ellos que Macareno alcanza la picardía absoluta, necesaria para un sombrero oscuro. A fuerza de estar manipulando cantidades de software *in house*, hardware *in built* y demás términos cumbancheros, ya tiene la capacidad de explotarlos de maneras inimaginables. Eso en el quinteto será un trabajo sucio pero muy importante.

Es llevado a todos los lares de Latinoamérica y se mete en los productos debutantes de las empresas; los prototipos y las pruebas de concepto. Sus jefes y no jefes lo clavan en todos sus proyectos. El rebelde Macareno se ha vuelto un tecnólogo bastante cotizado y de ahora en adelante su problema ya no es que lo corran de las escuelas, sino renunciar a sus compañías.

En sus tiempos venideros más promiscuos, Macareno se vuelve consultor de todas las grandes organizaciones de tecnología (y en si de lo que se deje), y se festeja sabiéndose importante en todos estos lugares. Sin embargo, en la última agrupación a la que pertenece, formada no por los millones de personas que componen una transnacional, sino solo por cinco almas en pena, se vuelve realidad su deseo; el deseo de todo promiscuo: la fidelidad.

P: ¿Mi carrera profesional? Pues qué te puedo contar, mucho mucho… harto alcohol.

"Voy a venir a la tierra de los pieles rojas a edificarme como el príncipe de los nerds y a afilar mis dedos al límite, porque esos pinches nopales desperdiciados no se merecen mis neuronas", dijo un día P antes de irse a "gringo land", asumiendo el hecho de que si quería desarrollarse como la regalada gana le daba, su humanidad ya no podía estar por acá.

Entonces P se larga solo y se permite el lujo de disfrutar de otras clases de perspectivas académicas: se clava en una maestría de Gamming en Seattle, destinada solo para los más ponedores.

232

Cuando regresa a México, inoculado de nuevo por la siempre bienvenida epidemia del desmadre y el caos, y después de haber pasado bastante tiempo aprendiendo programación, antes que nada decente, P sabe que su tiempo con el quinteto ha empezado, y ahora es el momento propicio para volver a ese singular Cocitos donde los demonios, no los decentes, son los que disponen enteramente.

Notas necesarias para un cuadro conmovedor: Terminando Garnier, F, H, P, R y Macareno hablan con los tipos europeos que entre otras cosas, son los visionarios adquisidores de tecnología macha y de la más suculenta del planeta. Le dicen al quinteto que no les va mucho esto de estar regodeándose entre el "Godinato Pro" y saltando entre Oompa Loompas, no queriendo admitir que sus cerebros, sus dedos, su "muchosidad" está como ninfómana en capilla, y les ofrecen la oferta irrechazable de rescatar a Chantico, en el otro lado del orbe y dejar que sus vástagos germinen. Por supuesto con una jugosa dotación de por medio. O bien, someterla a la vigilia y a la cotidianeidad de lo ordinario que la conducirán seguro a su definitiva destrucción. Ellos elegirían.

Hazme una limpia por favor amor, dijo Saúl. Despójame de todo mal carnal, volvió a decir Saúl. A San Pedro lo traigo entre el aliento y saliva, gargajeó el "barrio de la Aurora". Es la memoria que hay en nuestros corazones, recordaron los Enanitos. Quiero ser el único que te muerda en la boca, pidió Andrés Calamaro. Que tarde que temprano, van a encontrarme los perros, se escondió Enjambre. Y no es por eso que haya dejado de quererte un solo día, suspiró Celso Piña. Esta tarde no quiero dejarte si solo te veo me hierve el deseo, calentó la Casta. Machetero y Vendedor de amor, bautizó La Maldita. En sus caras veo el temor, ya no hay fábulas en la Ciudad de la Furia, rugió Cerati. Suena como un crimen lo que tú me has hecho, deberías ir a parar a la prisión, reclamó Vicentico. Y en su castillo pasaba las noches el mago buscando el poder, que devolviera a su hada, su amor, su mirada tan dulce de ayer, conjuró Rata Blanca. Te he dicho que no mires

233

atrás, porque el cielo no es tuyo, vociferaron los Héroes del Silencio. Voy a pedir que nunca te vayas, quiero escuchar, más palabras de amor, suplicaron los Pericos. Miéntele no le digas lo que hiciste ayer, cuando me viniste a ver, sedujeron los Bunkers. Si no hay una misión ¿cuál es? hacerte muy putita, rezaron los Babasónicos. Ojalá que llueva café en el campo, pidieron los Cafetos. Su vida entera pasó buscando noches de gloria como alma en pena, contó Jarabe de Palo. Y esta noche he venido tan solo, a que nos demos el último polvo, exigieron los Caramelos de Cianuro. Quisiera saber que sería ser tú, y por qué me volví tu infierno, agonizaron los Daniels. Acabo de glismodiejar la glafabeti de un querubín solo para tú, asegúrate que sea *le bruit et la fureur* quien te cobije... escribió un día el autor de este putrefacto texto en unas notas vomitivas aconsejándoles una noche a las Insólitas: ¿Y por qué no deciden volar, y además... volar a Chantico de aquí?

*****

Los trolls usan Internet y los ogros usamos Tor

"-Aquí todos estamos locos. Yo estoy loco. Tú estás loca.
-¿Cómo sabes que yo estoy loca?
-Tienes que estarlo, o no habrías venido aquí".

(Navegando en el país de las maravillas, Alice in Wonderland, Lewis Caroll, 1865).

(Parte del texto presentado por Macareno como guión para una convención de Seguridad Informática celebrada en el hotel Sheraton de la Ciudad de México, que habla acerca de la Web Profunda y sus misterios, año 2012).

"Muy poca gente habla de la Deep Web, y son muchas menos personas las que saben de qué se trata, o que alguna vez se han internado en ese maravilloso mundo virtual. Mucha gente piensa que todo está aquí, en la Internet pública, que todo se puede encontrar gracias a Google, incluso muchos dicen que "*si no está en Google, no existe*". Pero lo cierto es que están profundamente equivocados, lo que vemos a diario es "el lado luminoso" de Internet y el lado oscuro de la red de redes está mucho más allá de su visión… o mejor dicho del conocimiento de la mayoría.

Se trata de un mundo virtual oculto, al que para acceder, más que una habilidad o experiencia de hacker, se trata de conocer las herramientas adecuadas. Siendo totalmente honesto mis ingresos a la "Deep Web" son de forma muy esporádica, siempre protegido con "condón" y con la mente abierta para digerir el material que pudiera llegar a encontrar en esos lugares; en el bajo mundo de Internet se puede ver, escuchar, comprar, contratar y encontrar de todo.

Sin embargo, ¿qué es la Deep Web?

También conocida como *Deepnet, Invisible Web, Dark Web o Hidden Web* la Deep Web no es otra cosa que todo aquello que no aparece en el Internet convencional, es decir, en la "superficie" de Internet, con superficie nos referimos a todo aquello que podemos encontrar gracias a los motores de búsqueda, como Google.

En la actualidad, estudios de la Universidad de Berkeley estiman que la Internet profunda tiene un tamaño de 91,000 TeraBytes.

La gran pregunta es, ¿qué se esconde en la Internet profunda? ¿Qué es tan confidencial que no puede revelarse al dominio público? Claro, probablemente haya muchos sitios de amigos, comunidades, sitios con temática específica o de compañías que no quieren ser molestadas. Sin embargo hay mas…

La Hidden Wiki

"The Hidden Wiki" es tradicionalmente la puerta de entrada a la Deep Web: un directorio de otras páginas invisibles que los propios usuarios revisan a diario. Es un servicio fundamental porque las páginas cambian constantemente de dominio y Tor sólo es navegable con una lista actualizada de enlaces a mano.

Es cierto que existen otras wikis e incluso algún buscador, pero The Hidden Wiki ha adquirido un carácter oficial en la Deep Web. Funciona bien como índice; tanto, que si echamos un vistazo al mapa de contenido de su página principal nos haremos una idea bastante clara de qué webs y servicios se esconden detrás de Tor:

- Servicios financieros: lavado de bitcoins, cuentas de PayPal robadas, tarjetas de crédito clonadas, falsificación de billetes, carteras de dinero anónimas...
- Servicios comerciales: explotación sexual y mercado negro: gadgets robados, armas y munición, documentación falsa y —sobre todo— drogas.
- Anonimato y seguridad: instrucciones para reforzar la privacidad en Tor, especialmente para una venta o en las transacciones con bitcoins.
- Blogs, foros y tablones de imágenes: aparte de las vinculadas a los servicios de compraventa, dos categorías frecuentes de este tipo de comunidades son el *hacking* y el intercambio de imágenes de toda clase.
- Servicios de correo y mensajería: algunas direcciones de email son gratuitas (generalmente sólo ofrecen webmail) y otras de pago, con SSL y soporte de IMAP. La mayoría de servicios de chat funcionan sobre IRC o XMPP.
- Activismo político: intercambio de archivos censurados, *hacktivismo* y hasta una página para organizar "magnicidios financiados en masa". La anarquía es la ideología predominante en la Deep Web, como no podía ser de otra forma.
- Libros: bibliotecas virtuales que miden varios gigas y contienen miles de ebooks en distintos formatos. Muchos de ellos están libres de copyright y otros se distribuyen ilegalmente en descarga directa.
- Páginas eróticas: de pago y de libre acceso. Las subcategorías son variopintas y sin ningún límite moral.

Pero qué es lo que yo venía a enseñarles a ustedes… Ah, sí.

Hackers por encargo

Me llamó la atención encontrar un curioso servicio llamado "Rent-A-Hacker", un europeo que decía tener veinte años de experiencia en ingeniería social y hackeos ilegales. Ofrecía ataques DDoS, exploits de día-cero, troyanos "altamente personalizados" y phishing.

El importe mínimo por un trabajo menor era de 200 euros, a partir de ahí todo lo que quisieras. El tipo tenía incluso un programa de referidos: si invitabas a tus amigos, te llevabas el 1% de lo que pagasen. A pesar de esta ventaja, Rent-A-Hacker no me terminaba de transmitir confianza; tal vez por la cabecera en fuente Comic Sans. Así que seguí buscando.

La siguiente opción que encontré fue "Hacker4hire | Cyber crime solution", que sí desglosaba sus precios por servicio:

- Hackear un servidor web (VPS o hosting): 120 dólares
- Hackear un ordenador personal: 80 dólares
- Hackear un perfil de Facebook, Twitter, etc: 50 dólares
- Desarrollar spyware: 180 dólares
- Localizar a alguien: 140 dólares
- Investigar a alguien: 120 dólares
- Ciber-extorsión: "pedir presupuesto por correo"

Eran más asequibles que Rent-A-Hacker, desde luego. Pero había un problema: una búsqueda rápida en Google me advertía de que podían ser una estafa. Éste fue mi primer encuentro con uno de los protagonistas indiscutibles de la Deep Web: el "scam".

En un mercado completamente libre, lo que prolifera más rápido son los estafadores. Ya estamos bastante acostumbrados al *scam* en Internet (cuando nos ofrecen la herencia de un príncipe nigeriano, nunca la aceptamos ¿verdad?), pero en la Deep Web, donde lo único que te protege como comprador es la precaución, el scam puede llegar a ser muy sofisticado y convincente. Una de las estafas que no ves venir y que ya tiene nombre propio es el exit scam: cuando un vendedor, que tenía una buena reputación en el mercado, decide que va a cerrar su cuenta pero sigue recibiendo pedidos hasta que los compradores empiezan a sospechar. En Tor hay gente haciendo todo lo posible por quedarse con tu dinero, y al final esto también perjudica a los vendedores legítimos. Por eso existen algunos mecanismos para frenar el scam, como el "Escrow". Cuando una tienda ofrece Escrow, quiere decir que hará de intermediaria en el proceso de compraventa: retiene la transacción hasta que el vendedor envía el producto y llega al comprador. Si surge algún problema, la propia tienda te permite abrir una disputa, como en PayPal.

Claro que en la Deep Web no basta con tener cuidado con los scammers: también está el FBI. Un "honeypot" es una web falsa montada por un agente judicial para pillarte haciendo una actividad ilegal. Ya ven que, salvo que hagan turismo inocente, por la Deep Web hay que pasearse con pies de plomo.

Silk Road

Silk Road no necesita presentación, es la marca más famosa de Tor. Era conocida desde 2011 como el Amazon de la droga hasta que el FBI consiguió encontrar los servidores de la tienda y cerrarla. Luego apareció Silk Road 2.0 y volvió a pasar lo mismo.

Pero aquí estaba yo, navegando por un Tor huérfano y tratando de averiguar cuál era el nuevo "Amazon de la droga". Por volumen de ventas parecía que estaba claro: Agora es el darknet market más grande y Evolution el segundo. Por lo demás, en DeepDotNet tienen una lista de tiendas con información de seguridad y opiniones de los usuarios. Tras echarle un vistazo, decidí registrarme en Agora, Evolution y Middle-Earth (las tres ofrecen Escrow). El proceso de registro fue igual en los tres casos: no hacía falta email; elegías un nombre de usuario, una contraseña y un pin que debías recordar. Después estabas dentro. Estos son algunos de los productos ilegales que se pueden comprar:

- Narcóticos: hay muchísima oferta; 18.700 resultados en Evolution y 14.500 en Agora. Se vende al por mayor y en

cantidades chicas, aunque según un estudio son los
pequeños traficantes los que más compran. También hay
muchísima variedad, las drogas con más resultados son: la
marihuana, el éxtasis, la cocaína, el hachís, la
metanfetamina y la heroína.

- Cuentas premium: vitalicias de Spotify, Hulu, Netflix y
  Minecraft por dos euros.
- Falsificaciones: desde Rolex y Ray Ban (¿esto no se puede
  comprar en el Internet normal?) hasta billetes, pasaportes
  o carnés de estudiante de universidades privadas.
- Armas y munición: las tres tiendas tienen poca oferta;
  especialmente de pistolas, que suelen venderse usadas.
  Munición toda la que quieras, ya sean cartuchos de AK-47.

La interfaz de la pequeña Middle-Earth se come a las de Agora y
Evolution en encanto y funcionalidad (por ejemplo, permite
cambiar los precios de bitcoins a euros en cualquier momento),
pero Agora y Evolution ofrecen más información sobre la
fiabilidad de los vendedores, aparte de que tienen diez veces más
oferta y una buena comunidad en foros y Reddit. Son los
verdaderos Amazon de la droga, o más bien los eBay del mercado
negro.

Pero todavía me quedaba por descubrir Grams, el Google de la
dark web. Grams es un buscador de productos cuyo algoritmo
integra varios criptomercados de droga; es decir, si buscas *cannabis*
te lo encuentra en Evolution, Agora y varios otros. Además, tiene
su propio "pagerank": ordena los resultados según el número de
compras y de opiniones positivas.

Grams es una web muy reciente, pero que en poco tiempo ha ido
integrando varios servicios interesantes para sus usuarios, siempre
alrededor de su producto principal que es el buscador. Por
ejemplo, tienen una plataforma de publicidad que se llama TorAds.
Así es: todo está intencionadamente inspirado en Google.

Los libros condenados

Cansado de ir de tiendas sin comprar nada, me propuse buscar algo de lectura. ¿Qué libros prohibidos escondía la Deep Web? Me topé con paraZite, una psicodélica colección de enlaces y textos anarquistas. Se declaran una comunidad pro-ateísmo, pro-suicidio, pro-drogas duras y pro-varias otras cosas; así como anti-censura, anti-copyright, anti-moralismo y anti-varias otras cosas.

paraZite ofrece horas de lectura a través de centenares de archivos de texto con fragmentos sacados de foros de Internet, blogs, correos y libros. Algunos titulares:

- cheat.txt: cómo copiar en los exámenes.
- smoking.guide.txt: cómo fumar marihuana.
- maildrug.txt: cómo enviar droga por correo.
- alcohol.mak.txt: cómo hacer alcohol casero.
- ftw-tear.txt: cómo hacer gas lacrimógeno casero.
- bombbook1.txt: cómo fabricar bombas
- butcher.html: cómo cortar un cadáver para consumo humano.
- psychedelic_chemistry.txt: la química de las drogas psicodélicas.
- 22ways.txt: 22 maneras de matar a un hombre con tus manos.
- dogsxgui.txt: guía para tener sexo con perros.

La literatura más adulta y compleja la encontré en otra web: The Tor Library. Este proyecto va ya por los 160 gigas de ebooks, nueve de ellos en español. En el catálogo en inglés vi de todo un poco (desde los planos de un motor sin combustible, hasta cómo decorar pasteles), pero en español los temas varían entre la anarquía, el anticapitalismo y la autosuficiencia.

Tienen contenido casero escrito a mano y digitalizado (*Energía Eólica: manual práctico para la construcción de molinos de viento*), libros con copyright (el mítico *The Anarchist Cookbook*) y varios manuales de cientos de páginas para "antisistemas": desde supervivencia en la selva hasta "seguridad informática para activistas", con instrucciones para proteger nuestros datos y comunicaciones. Todo disponible en descarga directa.

Y lo peor de la Deep Web

Antes de empezar este artículo, abrí un hilo en 4chan preguntando si alguien conocía enlaces interesantes en Tor, por si me hubiera perdido algo. "No quiero drogas ni pornografía infantil", aclaré. "Sólo busco webs que sean diferentes". La única respuesta fue:

"¿Para qué querrías entonces entrar en la Deep Web?"

Hay muchas webs de intercambio de pornografía infantil en la Deep Web, pero hay que ir buscándolas para encontrarse con ellas. La Hidden Wiki no enlaza CP (*child porn*) en portada, sólo en una página interior que otros usuarios asediaban constantemente.

También está el inconveniente de que son páginas muy propensas a cambiar de dominio o a apagarse durante un tiempo. El FBI ha conseguido cerrar unas cuantas en este tiempo. Además Tor es tan fácil de configurar que muchas comunidades de pornografía infantil se han pasado a Freenet y, especialmente, a I2P.

Con lo que sí es más fácil toparse es con páginas gore. Un día, no sé muy bien cómo, acabé en un tablón en el que se compartían fotos de mujeres aplastando animalitos; con los tacones, con el culo o con el escote. Sólo vi fotogramas en pequeñito de los vídeos, pero eso es suficiente; hay fetichismos que uno no puede llegar a entender.

También se ha mistificado mucho el ecosistema de vídeos snuff (que contienen violencia y asesinatos). Hay grabaciones de las que todo el mundo habla y que nadie ha visto, otras que acaba descubriéndose que eran un montaje...

Pero ésas no cuentan cuando descubres barbaridades como "Daisy's Destruction" (encuéntrenlo y véanlo bajo su propio riesgo) y demás series de grabaciones nauseabundas que se distribuyen en la Deep Web a cambio de bitcoins.

Hace falta estar peor que dañado de la cabeza para ser el creador de ese tipo de contenidos…"

*****

"Sombrero blanco…sombrero negro…sombrero gris, rojo, morado, verde moco, rosita fresita, ¿¿pardo bandai?? como diría el buen Bob Ross… un árbol feliz...

Siempre que me apetecía podía volverme un arlequinesco camaleón, parecer aire o humo, disuelto en el smog de la ciudad o hasta parecer tener un ligero retraso, ser tímido, introvertido, calladito, todo un angelito, pero jamás…jamás se me notaba todo lo desgraciado que era (que soy). A la gente siempre le pudren los mamones como yo. Hablando tan elocuentemente con argumentos lascivos y de coloidal entrepiso, con un léxico protervo y destructor, echando desplantes de indiferencia por el mundo de mierda. Hasta que se dan cuenta que no es que sea así tal cual, ¿checas? sino que es como mi esencia.

O sea, no es que se den cuenta, porque los tipos como yo seguimos siendo unos mamones impresionantes, y la gente lo que hace es convencerse de que soy… como ellos saben que no soy.

Incluso déjame decirte que bajo las premisas de la ciencia astral, todos estos rasgos de la personalidad, son muy fáciles de leer en el signo zodiacal. Para los versados únicamente… claro. Mira, en realidad ninguno de mis enemigos sabe que nací exactamente a la mitad del signo de Géminis, pero abusan de mi ascendente en Leo y justamente en ese preciso momento pierdo la ventaja sobre cualquiera de mis adversarios. Me gusta enseñar los dientes cuando no debo. Y afilarlos todo el tiempo. Es por esa razón, que los camaleones polimórficos como nosotros no podemos convivir (y revelarnos) abiertamente con la sociedad, porque nos vamos directito a la tumba.

En lugar de eso, hacemos una especie de interfaz con la humanidad, la cual se traduce en quedamos guardados dentro de nuestras criptas digitales, de varios túneles cifrados, metidos en nuestra propia "Fortaleza de Soledad", acurrucados, viviendo como topos que nunca verán la luz del día…. Sin embargo es muy cierto que a veces necesitas salir a respirar, de menos, a estirar las piernas, y para ello hay que confiar. Porque hasta cuando sabes que no puedes confiar en nadie te topas con que tienes que confiar. Confías una, dos, diez veces, hasta que por supuesto; llega uno y te acuchilla…

…De todos modos, cuando toda la vida estás rodeado de "caballeros digitales", hay que sentirse siempre seguro, no dudar ni un instante de lo que vas a hacer. Cuando te agarra el miedo no te mueves igual. Te pones tenso, vigilas a todo el mundo a tu alrededor, enseñas tu juego. Y así no salen bien las cosas. Hay que estar relajado, y al mismo tiempo con la cara de póker. Saber que pase lo que pase no te vas a quebrar. Y saber que no te puedes morir jamás delante de ellos. Tienes que planear algún operativo, armar alguna trampa, zafarte de manera elegante, salirte de lo más hondo. ¡Ah! Pero eso sí, dejándoles bien claro que si se les ocurre hacerte la más mínima embestida, el menor hackeo a tus espaldas, aunque realmente no tengas la capacidad de contestárselos (o de verlo venir si quiera), les cortarás los genitales y se los dejarás expuestos ante todo el mundo, en la mismísima Alhóndiga de Granaditas… "

*****

Sweet love of mine
Destruction ain't a crime
For those who find
Love is a game like you and I
Go dance in the waters
Of all the tears we have cried
Oh, girl, we're fine
Do you remember our time?

Letra de Avicci modificada en una sola palabra.
Que la canción vuele a donde quiera que se encuentre...

El estómago tiene mejor memoria que el cerebro. Esto es de lo más evidente para alguien que de repente se encuentra con la mujer que otrora lo paró de nalgas, y se le empieza a llenar la panza de bichos alados rebotando en todo su esplendor y recordándole que donde hubo fuego cenizas quedan. Aunque muchos argumentan que en contexto, los testículos tienen mejor memoria. Porque cuando te encuentras con "la chica", la que en realidad fue capaz de desgarrarte el ventrículo izquierdo, lo que uno siente en automático ya no son oruguitas o mariposas de colores en la panza, sino escorpiones egipcios deambulándote en los huevos.

Pero al cerebro no le puedes confiar por ejemplo, qué carajo hiciste con la documentación de tus módulos, por qué nunca borraste esa línea de código que ahora te causa condiciones de carrera, cuándo refactorizaste esa función y cómo es que no te sabes de memoria el flujo de ejecución de tu Chantico cuando lo has expuesto a todo el mundo, 1784 veces.

"Stuck Soto" se encuentra rayando el hombro izquierdo de F. Debajo del estudio de "Gallo Negro" en la colonia Roma; en un Starbucks, P saca su Asus y se pone a leer su *feed*, solamente pasando el tiempo. "¿Qué te parecen estos cabrones? mañana presentamos a Chantico con los alemanes, y prefieren venir a tatuarse antes de dejar lista la ponencia…" se molesta H. Cuando Macareno sube, con una playera de tirantes, se asoma la figura de un fénix alado en forma tribal que se escurre por todo su brazo derecho. R tranquiliza a H diciéndole que va a aguantarse la acuarela en su chamorro un tiempo, para que puedan trabajar en la presentación. Pasado mañana tienen la decisión final: Chantico finalmente volará a Berlín.

En tierras germanas, la centinela es recibida como si hubiera llegado un rockstar y entonces se alcanza el objetivo anhelado: Chantico será la columna vertebral del antimalware de la empresa germana y las regalías, consejos y arreglos estarán indiscutiblemente bajo el control del quinteto de Azcapotzalco.

Los nuevos seguidores se plantan, porque seguramente en menos de un año salga el primer heredero que es posible no se llame igual que su madre + Jr, pero sin lugar a dudas en la etiqueta dirá "Powered by Chantico" infectado directamente por el efluvio de siete años sumergiéndose en las selvas digitales de las Insólitas Imágenes. Un resonante y rebelde efluvio. Sin embargo esto también augura el fin de todo. El final de una corta, aunque disparatada era, en mi humilde opinión.

Esta hazaña impensada representa un muro que se derrumba entre las épocas del hacking y la programación en tierras Anahuacas. A partir de esta locura uno puede creer, santos y veladoras aparte, que existe en México un grupo (pero de hecho existen más) de creadores bastante rifado y con chispa; cinco pelafustanes que se bragaron lo suficiente hasta desquintar las virginidades de la innovación tecnológica, no muy comunes en su país. Insurrectos malignos, facciosos del lado oscuro de la fuerza, tronadores de hímenes de vestales descuidadas, hedonistas en el reino de las sombras, salteadores de fracasos y cagadas, gorrones, abusadores, sablistas, etc. Las Insólitas asisten a la consagración de sus noches de bacanales en la casa de Macareno. Tal vez no sea un grupo como Anonymous o CdC o ya de plano como el club de Tobi, tal vez estén condenados a que nadie sepa de su existencia, pero la banda de ángeles caídos, se ha pasado los últimos siete años viendo como muchas cosas a su alrededor se despedorran, a la vez que construyen delirios de poder llegar a un momento igual, al que viven ahora. Siete años desde la graduación universitaria. Trece años desde que F se hiciera un piercing con un compás en la clase de Geografía (no era la de Matemáticas, aquí corrijo). Veintinueve años desde que Macareno hiciera un descomunal berrinche en su tina de agua, (y se cayera de cabeza el muy idiota). Cincuenta y siete años desde que en el MIT se acuñara por primera vez el término hacker. Cinco años desde que naciera el poema Las Insólitas Imágenes de Loradana, y un año desde que yo pensara en armar este bodrio de letras con rayones para aventarlo al mundo y para aventármelo en la cara. Por supuesto, es muy probable que todo ya haya acabado ahora, (quién sabe la verdad) pero es justamente ese sentimiento de lo efímero, esa finitud de las cosas que siempre terminan, lo que ha hecho millonarias a muchas pirujas y ha dejado en calzones a sus clientes. Lo que le da ese amargo y agridulce sabor a la palabra instante. Lo que lleva a uno a querer repetir la dosis, no importando la edad que se tenga, ni los males que le ataquen a uno, y a tener el impulso de reclamarle al creador mismo la potestad del Universo y sus secretos, porque el 1 y el 0, al menos, ya no parecen suficientes.

F: Hacerte un tatuaje es una maldita adicción similar al alcohol. Nomás es que te hagas uno y ya no paras. Llegas al otro día a tu empresa con los piquetes a medio conejo y media ubre, entras y te mueres de risa de la primera bobería que oigas. Luego te sigues riendo de todas las que vengan. La idea es que te cuelgues un letrero que diga: soy un "poser" y ustedes visten de corbata, mírenme soy insurrecto y mi nombre es subversión. "Ven nena súbete en mi nave, chiquita, y vámonos a darle problemas al sistema". Que se te vea en los ojos, en la risa, en los calzones. Hay como una etiqueta en estas declaraciones implícitas que roza en la estupidez. Permítame decirle una humilde idiotez: de ninguna manera, el imbécil soy yo.

P: Los maestros que nos enseñaban clases de Seguridad Informática en la escuela, nos decían: los pensamientos más abstractos y elaborados galopan cabalgados por demonios. Pero ser un "haxxor" no es un mal pensamiento. Es más, no es ni siquiera un pensamiento. En la universidad, los maestros nos pedían que meditáramos en bajo nivel, en "bash", o dentro del "kernel" y mejor ni les digo lo que se me ocurría. ¿En qué piensas, idiota, animal, bestia? Muy ingeniero y muy creativo, pero a la hora de la hora también piensas con la de mear. Entonces esas depravaciones, como ya te habrás dado cuenta en incontables ocasiones, jamás te abandonan. Así que después de presentar a Chantico en Alemania, me descolgué yo solo a Edimburgo para conocer las famosas tabernas llenas de cerveza irlandesa. Puedo decirte que me puse tan hasta la madre, que me quede dormido en una tumba. Edimburgo es conocido en toda Europa por sus lugares embrujados y sus cementerios por doquier y cómo no, a mí se me ocurrió amanecer bien alcoholizado encima de un muerto.

H: En muchos de los países más desarrollados, las personas que no poseen estudios y los que (por la razón que sea) no pudieron terminar una carrera universitaria y viven de oficios, normalmente carecen de una vida con oportunidades de crecimiento personal, siendo difícil acceder a peldaños sociales más elevados, ya ni siquiera pensar en gozar de una situación estable y confortable. Esto es una realidad, porque lo vimos de cerca y con nuestros propios ojos; es triste porque sus condiciones les permitirían obtener una educación de gran calidad y una mejor existencia por añadidura. Desperdician el primer mundo tontamente. Por otra parte, la mayoría de las ideas nuevas o proyectos de vida que tienen los chavos en México, enfocadas a las ciencias y las artes por ejemplo, no sirven porque no tienen las bases necesarias para construirlas, les faltan conceptos que no se adquieren en "la escuela de la vida", como presumen muchos. Existe una realidad que los mexicanos no han querido entender y es vital para llegar a ser una nación de primer nivel algún día (la cual no consiste en asistir a un colegio necesariamente): hay que ponerse a estudiar. Desafortunadamente muchos de los jóvenes acaban la universidad "de noche" y eso no es suficiente, si ellos desean realmente innovar con cuerpo y engendrar proyectos reales con forma.

No respetar jerarquías extranjeras o locales, cometer osadas campañas de destrucción masiva contra cualquier dogma o paradigma conocido, orinarse en los "mártires" necesarios para brillar con todo tu esplendor, y quitarse el miedo de abandonar la zona de los algodones de azúcar, son las labores más urgentes de toda "la raza anahuaca" en México, aunque parezcan surrealistas. Que Las Insólitas Imágenes hicieran lo propio a través de una fiera deidad binaria y letal, fue sin lugar a dudas, un signo de su total trascendencia y un ejemplo de cómo las penas del pasado, solo son honorables si uno puede más tarde burlarse de ellas. Los cinco roñosos, se metieron a huevo dentro de las esferas más lejanas del gremio informático, desafiando cuadraturas de vacas sagradas, que harían temblar los santurrones apuntes de cualquier clérigo. A partir de aquí, es evidente que para lograr cualquier cosa, solamente queda un solo camino: el de la transgresión.

Solo ese camino, junto al poder necesario para soportar un millar de excomuniones y entonces ascender al grado de sumo sacerdote, el único capaz de invocar en el centro del ombligo de la Luna, divinidades guerreras como Quetzalcóatl, Huitzilopochtli, o Chantico, dioses olvidados del México antiguo, donde antes no existían ángeles, querubines o serafines, (mucho menos santos o apóstoles) y los humanos ofrendaban corazones ensangrentados a los (mal o bien) llamados "demonios" que gracias al cielo, después de tanto tiempo, no se pudieron exorcizar del todo. Dioses invocados por una banda que no requirió ponerse un nopal en la frente, vestir de sombreros largos, dejarse crecer el bigote y ataviarse con sarapes floridos, para gritarle al mundo de dónde venían, y hacia donde iban a llegar con toda seguridad.

Porque vinieron desde la Chingada, me parece que eso estuvo clarísimo desde el principio.

*****

"Diablo, Diablito… o mejor ya sé…solo por haberme honrado con tu gloriosa visita, te daré un voto de confianza…

Te nombraré a mi quinteto, uno a uno, como son (o eran) conocidos en la red profunda; quiero decir, en las aguas más abisales y tenebrosas del pensamiento cibernético: "The Pain", "The Fear", "The Fury", "The Sorrow", "The End", y el mío, como no pudo ser de otra forma: "The Joy", (igualitos a los de la unidad cobra lo alcanzas a ver, pero no me obligues a decirte a quién corresponde cada seudónimo, o te destruiré), aunque la verdad…es que todos eran yo. Vivía dividido todo el tiempo. Consultor/Godínez de título, niño bonito en la casa (me lo decían por joder, eso estaba clarísimo) y todos los demás apodos en el espejo. Me miraba por horas, unas veces sentado dentro del coche, otras en los reflejos del monitor con ellos, otras en algún charco de la calle. Decía: ¿Dónde estaré yo? ¿En los ojos, en los labios, en la frente? ¿En las parrandas, en los vicios, en las chichis de la sueca aquella? ¿En los 1's? ¿En los 0's? Casi toda mi vida sucedía a espaldas de mí mismo. Yo, no estaba en ninguno de los personajes que representaba a diario. No solamente porque me llamaran con otro nombre, también porque las cosas las hacía en automático, con el cinismo en exponenciales y la conciencia en ceros. Así como la gente apaga la luz para poder dormirse, yo tenía que apagar mi mente, para poder quitarme los disfraces. O más bien levantarme, porque cuando lograba darme el lujo de ser yo el día entero, no podía despegarme en realidad, de mis alter egos gobernantes.

Yo siendo conducido por mis voluntades, mientras adentro seguía preguntándome si alguna vez me pesaría toda mi carga de pecadillos. ¿A la hora y en la hora de mi muerte, Amén? Me pesa saber tanto. Según ¿no? Quiero decir, saberme ogt, saberme lejos, saberme diferente, saberme usado, saber que nadie sabe lo que yo sé. Saber, igual que to fall (in love): qué verbos tan peligrosos. Y lo sé tan bien que apenas y reparo que a Transylvania desde hace rato le echo ojitos… ¿lo ves? Cuando estamos necesitados de contacto, a veces hasta los madrazos se antojan. Quizá un día de estos, me sienta con las ganas de programarle un postre afrodisiaco, de seducirla en el asiento trasero de un coche, y salir victorioso, sin siquiera pedirle su número de celular, ni mentarle su nombre. ¿Acaso crees que es muy machista de mi parte tenerle esas perras ganas a mi *sommelier*, de este perfil tan animal? Te sugiero que nunca permitas que irrumpa en tu cabeza ninguna clase de tabú, solamente estorban tu "muchosidad" ¿Quieres saber si el sexo ha dejado de ser un tabú para ti?...trata de imaginar, por más de 10 segundos, a tus papás cogiendo… pero no te voy a mentir… saber que puedo lograr eso con Transylvania, me da vergüenza, me aflige, me abochorna…y…me duele.

Pero mi niño no importa, no todo es tan macabro (o bochornoso) como se ve, sigue adelante con la tamaña misión que deseas cumplir. No desistas. ¿Sabes por qué razón adoptamos esos seudónimos? Hay una frase fundamental en la filosofía del devorador de serpientes (único ser que logró devastar en su totalidad a la unidad cobra), la cual deseo compartirte para tu próximo viaje. Úsala como tu estandarte de guerra y prepárala como lo hizo Constantino para La Batalla del Puente Milvio, *In hoc signo vinces*:

"Los recuerdos que tienes y el papel que te han asignado son cargas que tienes que sobrellevar. No importa si son reales o no. En el mundo no existe la realidad absoluta. Crees que lo que ves es real porque así te lo dice tu cerebro. No te obsesiones con las palabras. Encuentra el significado que hay detrás de las palabras y luego decide".

"Y recuerda también que al final no importa si tuviste razón o no, lo importante es cuánta fe tenemos; eso decide el futuro".

*****

Epílogo

Yo en cada palabra destilo sangre, ¿saben?

Este libro fue escrito en varios apogeos/ocasos sublimes con la vida. Las circunstancias que lo motivaron, varias de ellas movidas por fuerzas ciclópeas e incontrolables, no han logrado ser sepultadas por el tiempo. Pero ninguna historia es totalmente como la cuentan. Ni antes, ni después. Ni siquiera ésta que yo me encargué de escribir.

¿Cuántos demonios habrán sueltos y estarán afectando el curso de la vida humana, cuyos actos solo provocaron la aparición de los susodichos "demontres"?

¿Cuántos casos como el mío habrá, en que ellos engendran camaraderías con gente como mi quinteto y viven dentro de ellos?

Pues pasa que esta historia, como cualquier otra, vale tanto por la realidad que cuenta, que por aquella que trata de plasmar en la cabeza de sus espectadores. Si mucho o poco queda de estos personajes, no hay que dudarlo: se trata de algo que va más allá de todo estertor. Una adulación. Una plegaria elevada sólo en el santo nombre de la leyenda.

En realidad no siento que haya inventado tanto; solo se transigieron cosas que de alguna u otra manera ya había premeditado. Y pululaban como protozoarios en mis intestinos.

Entonces, ¿creen que el Cocitos tiene llamaradas y grandes

montañas de fuego? ¿O que hay almas malditas en sus círculos condenadas a un sufrimiento sin fin? ¿O tal vez que están ahí por sus pecados inexpugnables? No. Todo eso describe a otras cosas, muy terrenales (aparte de tangibles) diría yo.

Y el Cocitos, les revelo con total certeza, es binario.

Y personalmente... a mí se me hace que siempre que me doy una vuelta para husmear un poco en sus depravadas comarcas...se pone cada vez más de poca madre.

*****

Anexo

Los querubines de la madre *Lenitiva* entre las Insólitas Imágenes de *Loradana*

(Un trago dulce-amargo en 3 fragmentos)

Apoteosis
Noctámbulo barriobajero I
Noctámbulo barriobajero II
Noctámbulo barriobajero III
Post Scriptum

Apoteosis

**Dedicado a una amada niña
en reminiscencia de una dorada tarde de primavera
y los suspiros de un parque estival lleno de cachorros.**

(Con amor imperecedero, el escrito incontable de un sujeto inverosímil, para quizá algún día volver a alcanzar a una mujer inconcebible).

Noctámbulo Barriobajero I

Mon amour…

Acabo de glismodiejar la glafabeti de un querubín solo para tú.
Asegúrate de estar sola,
de que sea *le bruit et la fureur* quien te cobije

Psicotropicoso de Géminis-Leo,

Bestiejas desde el frondilomo,
De los océanos invaden,
Las casonas y los pontañosos,
que inflaman hacia el final de los tiempos,
que los verdilomos anuncian,
cuando los bogrios andan languidosos,
por entre las rocosas y el barro.
El que alguna vez su bastimento aproase, y se dijo poeta de los mil
sentimientos exangües, donde los atisbos amorosos se liberan.
Y felices refulgencias de la madre que consuela. Lenitiva.

Lenitiva su vástago arrizaraba,
era el bullir de las mandas posadas,
sobre un argot grandiloso y terrifibíbilo,
así como el rosario de la aurora,
los nombres de mujer sin frases hechas: La que proviene de
Lorraine. *Lotaryngia. Loutrengen. Lothringen. Loradana*
Lor.

Julio es el mes más crultoso,
Engendrila lilas de viva dulzosa,
Mezcla recuerdos y anhelos,
Despierta hermosas mimosas con lluvias veraniegas,

Era el brillar, rimoneaba el Sol dorado,
Gamaliscosos risotaban los naratrabos,

266

Sufurcando se mecían los trigasantemos,
Cuando el azuroso refuljaba de alisimposia,

Sirena de Lor: del agua nacieron tus encantadoras pupilas,
De su espuma, y su bramabunda ola,
Y de las mareas que desorbitan,
Con mirares de flama nocturna,

El gurrumino se presentó ante ti,
Blandiendo su corazón enchispado,
Buscando con firmeza tu sonrisa malagueña,
Cavilando un buen rato sobre tus ojos salerosos,

Y de pronto, pensaba el barbilampiño,
Te acercaste tú con mirada de soslayo,
Aproximaste tu vida a un capullo de Glamburencos,
Y lo atravesaste con tu boca. Lo ganaste.
Y aprisionaste.
Y el jovenzuelo dipradiaba con placentero brío.

Pero era el brillar, rimoneó el Sol dorado,
Gamaliscosos risotaron los naratrabos,
Sufurcando se mecieron los trigasantémos,
Mientras el azuroso refuljó de alisimposia.

Noctámbulo Barriobajero II

Rozo tus labios, con mis manos yo rozo tus labios, y posando mis labios en los tuyos, con mis labios dibujo a tus labios como si salieran dibujos de mis manos, y no me basta con tener su soplo en mi piel para pensarte de cerca; hago dibujos en tu boca, la boca que mis manos rozan y mis labios dibujan en tu cara, unos labios elegidos para dibujarlos con mi boca, con locura acrecentada, con incontrolables deseos de dibujarlos en tu cara, y que por un sortilegio, realmente no encuentro donde podrá coincidir exactamente tu corazón en mi boca; que me sonríe por debajo de tu piel, *"donde hay esmeraldas conquistadas, en la que yo resucito y me derrito (encima de tu piel te guardo el aire que no hace daño)"*.

Entonces te busco, como un demente te busco, cada vez más y por todas partes, jugamos al escondite; aunque estemos lejos nos sentimos cada vez más cerca y el escalofrío en el pecho aguarda, se agazapa y luego, se superpone. Los encubiertos llegan y se miran, respirando muy cerca uno del otro, las narices frías se tocan, los labios se desenvainan y luchan tiernamente, blandiendo piquitos, rozando apenas cada lengua e indagando sutilmente dentro de ese espacio, donde hierve una incandescencia que parece jamás tendrá fin y donde el tiempo carece de pies y de pasos.

Pero yo no puedo impedir que el atrevimiento se apodere de mí: porque mi cara busca lentamente la profundidad de tu cuello; mis labios buscan sumergirse en él , mientras lo beso sin respiración como si nadara con mi boca repleta de corales o de peces, de brazadas y pataleadas perenes, de fragancia olor a mar. Y si me permites morder tibiamente tu nuca, el dolor es suave, y si me permites ahogarme en un breve y eterno cautivar idílico de tu aliento, esa corta imagen tuya es bella (todas las imágenes tuyas lo son); es lo que hace valer la inmersión completa en tu mirada abisal. Y al final de todo, hay un solo cuerpo, una sola saliva y un solo palpitar a corazón abierto, y yo te siento temblar contra mi pecho, como una ondina tiembla cuando cosquillea con las olas del agua…

Noctambulo Barriobajero III

Paradojas bajo la Luna.

He sobrepasado la extinción total del pensamiento,
y es necesario ahora usar pala, cincel y escobilla,
Bajo todo este fósil de recuerdos.

Agonía, agonía, devoras el soplo del tiempo,
y el oscuro desconsuelo que nos carcome el pecho,
asciende y se fortalece con nuestra propia sangre.
Llega la hora de las sombras,
cuando definición y sentimiento parecen alejarse.

Una noche, una memoria y cavilando en el silencio;
me di cuenta que soledad había en esta habitación,
porque yo no vi… ya no vi al amor que soñaba y amaba,
sentí frío, mucho frío en aquel desencuentro,
desierto y desprecio, abandono y vacío.

Cual gigante que encalla en la playa,
inerte, putrefacto y acabado;
arena helada y palmeras secas
son hoy la almohada de mi siesta,
y las nereidas fieles escuderas
se volvieron brisa y espuma,
torrente de polvo y granizo punzante,
es ahora mi centro a causa de las llagas machacadas.

Preludio en C menor y soneto eclipsado,
cicuta en las venas y en el alma mil dardos,
notas lejanas y sonidos sin tema,
enmudece la pluma,
y se retuercen las cuerdas.

Ya que según las leyes
de los versados, y los temerarios,
de los "realistas" inmortales,
los cuales no soportan mi sentir hacia ti;
dicen que me quede en mis hojas,
que me reduzca a mis escritos
que tú solo eres letras huecas,
bellas frases acentuadas
en los labios del olvido.

No miento: a veces quisiera decirte algo mortífero:
como arsénico o cianuro,
quisiera decirte palabras asesinas,
como "no te quiero" o "granadas fragmentarias",
entonces de repente, en mi mente vienes a mi encuentro,
y ya solamente puedo decir:
sirena, musa, belleza, querubín o mi cielo,

Por eso te siento,
y se enciende el calor
explota el estremecimiento,
palpita todo mi cuerpo
queriéndote decir lo más hermoso,
como tu nombre
y el color de tus ojos.

Y me embriagaré de aguardiente, de salacidad, y de tu
reminiscencia,
de genuflexiones, de viandas y de licores,
para saber si yo puedo algún día,
recuperar un corazón que en otro tiempo,
solito me pertenecía.

Post data.

…Aún hay páginas sobrevivientes a la última tempestad
puestas a secar al viento para ver si todavía queda
algo legible,
la mente clama sus consignas
mientras silencia el corazón,
hay sin embargo un verso, que se niega a desaparecer,
que se arrastra mutilado y malherido…

…porque aún cree que puede entenderse
con un te amo,
su último suspiro.

Post Scriptum

Abrázala fuerte, si está contigo. No la sueltes. Abrázala con todas tus fuerzas. Respírala. Eso es lo único que yo puedo decirles a todos los hombres: Respírenla. Encajen la nariz en su cabello. Respírenla profundamente. Poderosamente. Luego, digan su nombre. Ese nombre, aunque no lo creas, aunque ya te hayan mojado la mollera en la pila de bautismo, siempre será tu nombre también. Ni siquiera la muerte te lo puede quitar.

Di su nombre. Repite su nombre. Dibújalo. Coloréalo. Guárdalo. Tatúatelo en la piel. En el ventrículo izquierdo. En el derecho. En el jadeo. En un suspiro.

O simplemente, úsalo siempre que quieras volver a llamar a la inspiración... desde el país de "Nunca Jamás".

Agradecimientos

Caligrafías binarias es un libro inspirado en los camaradas, amores y "amigovias" que han acompañado mi vida en mi ciudad natal, La (gran) Ciudad de México, específicamente desde el 8 de agosto de 2005 hasta hoy (2016).

Quisiera poner los nombres de varios barbajanes a continuación, porque sin esos bodrios de primera línea, este libro, no se hubiera escrito jamás, pero desafortunadamente no puedo revelar su identidad por mi (y por su) propia higiene mental.

Sin embargo, he aprendido del trabajo de muchos escritores y colegas del gremio "underground", algunos de los cuales también son buenos amigos y sobretodo mis maestros: los ilusionistas digitales "Yadra", "Vicentico Motos" y "Ev4cide", los confiables mosqueteros de la red Lucas Vilchtz, Alejandro Reyna y Juan Ramón García, mis eternos gurús el Doctor Roberto Gómez Cárdenas y el Doctor Salvador Venegas Andraca; "aquellos que se la saben de todas todas" Don Miguel Chavez, "Ivansote Salazar" y Don Luis Miguel García , mi primera y muy querida jefa Lorena Siqueiros y su esposo Ulises Ornelas, (por consentirme demasiado); los buenos mozos de Alejandro Lascuráin y Juan Manuel Osorno por qué no, las letras místicas de Mario Bellatín, Clara Velazquez y David Saldaña y por supuesto al todopoderoso "Jeringas"... lo que me recuerda un agradecimiento especial a mi campeona de "La Coliseo" Lourdes Ruiz Baltazar por esa clase magistral de caló chilango enseñándome que "ejecutar cualquier acción con las palabras" siempre consiste en derrotar al enemigo con un continuo "ajedrez mental" y a quien si desean conocer personalmente, me dijo que se pongan en Pino Suárez, viendo para Catedral, y ya se vienen todo derecho.

Abrazos grandes también a mis cuates de la carrera que no puedo mencionar y a mis cuates "acuáticos" que tampoco me es lícito hacerlo.

A la barriada de la Lagunilla, algunos de la Doctores, otros de la Portales, y uno que otro colado de Bosques de las Lomas y del Pedregal de San Ángel, ellos saben quiénes son.

Mamá, tías, abuel@ ustedes siempre están en una categoría aparte.

Fuera de México y especialmente durante las horas más oscuras conté con varios ángeles guardianes: mis Avi Corfa, Parvati Gaduyi, el "hechicero" Ravel Oleguer Bohm y a ti mi loca Sandrine Plaisance. Un profundo agradecimiento a mis actuales colegas Ashish Bhadouria y Miroslav Tarbuk por mostrarme que hay gente allá afuera mil veces mejor que tú, y que aun así con toda esa luminosidad inalcanzable, están dispuestos a compartir todos sus saberes con sencillez y paciencia.

Estrujón fuerte a mis nuevos amigos "acua-polistas" balcánicos, que me han inspirado a jamás perder ni una vez, ni ante nadie, (como ellos, que jamás pierden ni una sola vez, ni ante nadie).

A mis editores Luis Miguel Blount y Luciano Allasia por ayudarme con esta monserga de ideas sin sentido.

A todas esas personas que no mencioné directamente, pero entienden muy bien que diario las llevo en el alma.

Y finalmente gracias a él/Él.

Corfú, Islas Jónicas, Grecia; 7 de julio de 2016.

****

****

\Horror al vacío\

************************_____

11\\\\\\\\\\\\\\||||||||||||||||\
10101001010101010111111111111111
11111111000011111111111111110001010101010101011001011
101
101011
010101010101101100101010101010
10
111001101
01
1
0101010101
101011010101

www.ingramcontent.com/pod-product-compliance
Lightning Source LLC
Chambersburg PA
CBHW071409050326

40689CB00010B/1811